Adolphe

Du même auteur
dans la même collection

MA VIE. AMÉLIE ET GERMAINE. CÉCILE

ISBN : 978-2-0812-2256-4

CONSTANT

Adolphe

PRÉSENTATION
NOTES
DOSSIER
CHRONOLOGIE
BIBLIOGRAPHIE
par Jean-Marie ROULIN

GF Flammarion

Jean-Marie Roulin est professeur de lettres à l'université Jean-Monnet et membre de l'UMR LIRE XVIIIe-XIXe siècles à Saint-Étienne. Spécialiste de la littérature française de la fin des Lumières au romantisme, il a notamment publié un essai sur Chateaubriand (*L'Exil et la gloire*, Champion, 1994) et une étude sur l'épopée de Voltaire à Chateaubriand (Oxford, Voltaire Foundation, 2005). Il a également édité, dans la GF, *Ma vie. Amélie et Germaine. Cécile* de Constant.

Présentation

> La littérature tient à tout. Elle ne peut être séparée de la politique, de la religion, de la morale. Elle est l'expression des opinions des hommes sur chacune de ces choses [1].

Composé sous le règne de Napoléon et publié au début de la Restauration, *Adolphe* fait partie, avec *Atala* et *René*, *Delphine* et *Corinne* ou encore *Oberman*, de ce que l'on peut appeler la « littérature de l'Empire ». Sa genèse s'enracine dans le monde postrévolutionnaire, œuvre surgie de « ces vies bouleversées du Directoire et de l'Empire », comme l'a très justement relevé l'écrivain genevois Guy de Pourtalès [2]. *Adolphe* est également caractéristique de ce moment de l'histoire littéraire française par son esthétique romanesque, synthèse entre aspirations (néo)classiques et élans romantiques ; de même, la vision de l'homme, de l'amour ou de la religion qui s'y fait jour se nourrit de concepts hérités des Lumières et d'éléments empruntés à l'idéalisme allemand. S'il enracine son court roman dans son époque, dans sa sociabilité notamment, Constant apporte au débat des réponses originales, comme le choix de l'intrigue le montre : par un coup de génie, le récit est concentré non sur la naissance de l'amour et son affrontement à l'obstacle, sa pro-

---

1. Benjamin Constant, « Esquisse d'un essai sur la littérature du XVIIIe siècle », dans *Œuvres complètes*, Tübingen, Niemeyer, 1995, t. III, 1, p. 527. **2.** « Remarques sur Benjamin Constant », dans *De Hamlet à Swann*, Gallimard, 1924, p. 135.

tase, mais sur son apodose, sur les difficultés d'une relation vécue dans l'obsession d'une impossible séparation. L'analyse de cette décomposition met en évidence le rôle que joue la société dans la sphère de l'intime. Livré par la voix d'un personnage de l'impuissance et de l'inaction, ce récit pose la question de la place de l'individu dans un univers social et politique soumis à un ordre patriarcal rigide, mais travaillé en profondeur par des « troubles ».

Constant, de l'Empire au début de la Restauration

Rédigé pour l'essentiel entre 1806 et 1810 et publié à Londres en juin 1816, *Adolphe* paraît simultanément à Paris [1], où des journalistes n'ont pas manqué de brocarder son auteur : « C'est un grand Protée que M. Benjamin de Constant ! Après s'être déguisé en Montesquieu [...] le voici qui se transforme en Marivaux [2]. » Étonnement compréhensible, car en 1816 le nom de Constant est lié à la place qu'il a occupée sur la scène politique française de 1795 à son éviction du Tribunat en 1802 ; étonnement exagéré aussi, car si *Adolphe* est son premier roman, et le seul d'ailleurs qu'il ait achevé, Constant a été présent sur la scène littéraire, par une adaptation, publiée en 1809, du *Wallenstein* de Schiller et par des comptes rendus critiques, notamment des œuvres de Germaine de Staël ; étonnement, enfin, de mauvaise foi, parce que chacun savait que Constant, comme bien d'autres, avait été évincé de la vie politique sous l'Empire par un pouvoir de plus en plus despotique. Si Protée il y a, les circonstances y sont pour beaucoup : *Adolphe* a surgi dans ce moment où bien des écrivains – Germaine

1. Pour le détail de la genèse et de la publication, voir le Dossier qui figure à la fin de cette édition. **2.** *Gazette de France*, 14 juillet 1816, cité par Paul Delbouille dans son édition d'*Adolphe* (Les Belles Lettres, 1977, p. 292).

de Staël et Chateaubriand, entre autres – ont été mis à l'écart et réduits au silence politique par Napoléon. Dans cet *otium* forcé, ils se sont consacrés à la littérature, qui a pu servir aussi de support à un discours d'opposition [1]. Ainsi, c'est entre son limogeage du Tribunat et son retour comme député et figure de proue du libéralisme sous la Restauration que Constant a rédigé ses principales œuvres intimes, inachevées et inédites de son vivant (*Amélie et Germaine*, *Cécile* et *Ma vie*), ainsi que ses *Journaux* qui couvrent, du moins pour la partie que nous en avons conservée, les années 1803 à 1807 et 1811 à 1816. Il est aussi revenu à ses deux grands chantiers, qui portaient l'un sur la théorie politique, l'autre sur la religion.

Comme ces textes à la première personne, mais dans un travail de stylisation plus affiné, *Adolphe* met en fiction des questions qui obsèdent Constant au moment où il approche de ses quarante ans, autour d'un problème central : comment concilier le travail avec ses besoins affectifs et sexuels ? Le besoin affectif s'enracine dans un contexte familial difficile, qu'il a retracé dans *Ma vie*, texte autobiographique inachevé. Sa mère mourut des suites de ses couches quelques jours après la naissance de son fils. Son père, officier attaché au service de la Hollande, envoyé en mission aux quatre vents de l'Europe, s'occupa peu et de manière sporadique de son fils ; de ce point de vue, il a pu servir de modèle à certains traits du père d'*Adolphe*. Remarié secrètement à Marianne Magnin, il en eut deux enfants, qui compliquèrent la relation entre le père et le fils. Après une jeunesse errante, la vie affective de Benjamin resta difficile, tout aussi erratique que l'avait été son éducation. Certes, il a épousé en 1789 Wilhelmine (Minna) von Cramm, mais le mariage a été rompu en 1795, à la suite notamment de la liaison de sa femme avec le prince Galitzine. De son côté, Benjamin avait fait la connaissance en 1793 de Charlotte de Hardenberg, qu'il revit de loin en loin, notamment en

1. Sur la littérature et les arts sous Napoléon, voir *L'Empire des Muses*, dir. Jean-Claude Bonnet, Belin, 2004.

1806 au moment où il se mit à la rédaction de ce qui devint *Adolphe*, et qu'il finit par épouser secrètement en 1808 [1]. Face à celle qu'il qualifiait d'« ange » surgit Germaine de Staël, rencontrée en 1794. Fille de Jacques Necker, riche banquier et ancien ministre de Louis XVI, elle l'a subjugué, notamment par son rayonnement intellectuel. Débuta une liaison amoureuse qui dura jusqu'en 1811, fondement d'une aventure extraordinaire, puisque ce couple fut le cœur battant du Groupe de Coppet [2]. Par ses relations, Germaine de Staël a grandement favorisé les débuts politiques de Constant. Mais ce fut aussi une liaison orageuse avec une femme qu'il dépeint tantôt comme la meilleure des compagnes et la plus stimulante intellectuellement, tantôt comme le plus tyrannique des êtres, une entrave au travail, la surnommant Biondetta, nom que prend Belzébuth dans *Le Diable amoureux* (1772) de Cazotte. À côté de ces deux femmes, d'autres encore ont peuplé la vie sentimentale de Constant, parmi lesquelles Anna Lindsay, une Irlandaise rencontrée en 1800, et Juliette Récamier, aimée passionnément, mais en vain, en 1814.

Aussi la critique a-t-elle lu *Adolphe* comme un roman à clés, discutant entre autres de celle qui pouvait être le modèle d'Ellénore, et ce, dès la parution de l'œuvre, à tel point que Constant a éprouvé la nécessité de réfuter ce type de lecture dans la préface de la deuxième édition [3]. En réalité, les personnes importent ici moins que les situations, souvent analogues à celles décrites par Constant dans ses *Journaux*. Celles-ci se composent de plusieurs éléments. D'abord la liaison avec Germaine ;

---

1. La liaison avec Charlotte de Hardenberg a fourni la matière d'un récit inachevé, *Cécile*. **2.** On désigne par « Groupe de Coppet » une constellation non organisée d'écrivains, d'historiens et d'économistes européens qui ont gravité autour de Germaine de Staël lorsqu'elle était en exil dans le château de son père, à Coppet, non loin de Genève ; parmi les membres les plus éminents, on peut citer Benjamin Constant, August Wilhelm von Schlegel, Charles Victor de Bonstetten, Jean Charles Léonard Simonde de Sismondi, Wilhelm von Humboldt. **3.** Voir p. 146.

l'attachement et les intérêts intellectuels communs se heurtèrent à des scènes et des crises à répétition : d'un côté des échanges riches, sur la littérature et la politique, de l'autre la difficulté à vivre ensemble qu'éprouvèrent deux personnalités fortes. En particulier, Benjamin supportait mal la vie mondaine que Germaine menait, et ressentait les longues soirées comme du temps perdu pour son travail. Rester ou rompre ? Thème obsédant, repris dans *Adolphe*, où le « je » ne parvient pas à trancher entre une liaison qui dure et dont il ne veut plus, et une franche rupture. De plus, comme il l'a consigné dans ses *Journaux*, Constant avait besoin de tendresse pour pouvoir bien travailler, et de sexe, qu'il jugeait nécessaire à sa santé physique et morale ; or l'entente ne semblait pas toujours régner dans ce domaine avec Germaine. Dans un court récit autobiographique, également inachevé, *Amélie et Germaine*, l'alternative se posait en ces termes : prendre une épouse docile, tendre et fade, Amélie, ou rester avec Germaine, dans une liaison orageuse et qui l'amenait à recourir à des filles entretenues. Il s'agit ainsi de stabiliser son existence affective pour pouvoir se consacrer à son travail intellectuel. La quête de la femme idéale se doublait du dilemme entre le besoin de l'autre et la peur du lien : comment être deux sans perdre son indépendance ? Si la question est pressante, c'est que Constant, comme Adolphe, ressentait, dans ce moment de retrait du politique, une urgence du faire, alors qu'il avait déjà laissé un certain nombre de projets inachevés. Cette hantise de l'inaction et ce besoin d'accomplir une œuvre est un des motifs centraux des *Journaux*, mais aussi d'*Adolphe*. Il est lié au caractère de Constant et à sa situation affective, tout autant qu'aux circonstances de l'Empire, lequel l'a mis sur la touche politiquement et socialement.

DEUX DESTINS FACE À LA SOCIÉTÉ

Né et composé dans ce moment politique et affectif particulier, *Adolphe* relève pourtant moins du geste autobiographique, au sens d'un récit rétrospectif retraçant un passé, que d'un mouvement centrifuge où la fiction devient un moyen de mettre le « moi » à distance : « Ainsi ce journal est une espèce d'histoire, et j'ai besoin de mon histoire comme de celle d'un autre pour ne pas m'oublier sans cesse et m'ignorer », consigne-t-il le 21 décembre 1804 dans son journal [1]. Cet autre, c'est Adolphe, prénom surgi bien après celui d'Ellénore dans la genèse, et qu'on a rapproché d'*adelphos*, le « frère ».

Sur ce personnage, l'« Avis de l'éditeur » qui introduit le récit nous donne peu d'informations : il est présenté comme un « étranger », mélancolique et errant en Calabre. Le manuscrit qu'il a laissé contient un récit rétrospectif et réflexif qui se concentre sur un moment déterminant : celui où, ses études terminées, il doit choisir une carrière. Cette introspection ne livre aucun autoportrait. Du personnage, de son passé, nous ne savons quasiment rien, si ce n'est qu'il appartient à un milieu aisé et qu'il est appelé à succéder à son père, « ministre » dirigeant un « département » auprès d'un « électeur » allemand, pour occuper une fonction administrative dont la teneur n'est jamais précisée. Tout est concentré sur ce moment d'entre-deux, entre études et carrière, où Adolphe doit endosser son rôle dans la société. Ce moment est dépeint comme une crise, crise qui est aussi celle provoquée par le besoin d'amour, lequel prend le nom d'Ellénore.

Dans ce drame à deux personnages, Ellénore est toujours perçue du point de vue d'Adolphe. Mais ce que nous en apprenons au fil du récit fait d'elle un personnage riche et complexe. Son prénom, offrant une variation sur ceux qui étaient usités dans le roman de l'époque

1. *Journaux intimes*, dans *Œuvres*, Gallimard, « Bibliothèque de la Pléiade », 1957, p. 429.

– comme Léonore, amoureuse malheureuse de Werther au début du roman de Goethe –, la désigne d'abord comme la figure de la femme : « Elle ». Avec un prénom aux consonances françaises, elle est pourtant polonaise. S'il est difficile de déterminer avec certitude le sens de cette nationalité, on retiendra du moins qu'Ellénore relève d'un stéréotype littéraire, dont elle a les attributs : beauté, charme, éducation, etc. [1]. Par-delà les déterminations individuelles, la nationalité polonaise lui donne deux traits importants : elle est de religion catholique et elle incarne une noblesse qui a subi des troubles politiques importants. Jetée dans l'exil, d'abord en France avec sa mère, puis, à la mort de celle-ci, en Allemagne, elle figure la version féminine de ces « vies bouleversées » par la Révolution qui ont connu l'émigration. Dans une première version, Constant suggérait même qu'elle avait été contrainte à monnayer ses charmes [2], comme le personnage de la marquise de Verneuil dont Balzac a dépeint le parcours à travers les années de la Révolution dans *Les Chouans* (1829-1834). Adolphe la rencontre alors qu'elle est depuis plusieurs années la « maîtresse » du comte de P***, dont elle a eu deux enfants. Elle occupe une position sociale difficile dans une société rigide, qui n'accepte de recevoir cette femme non mariée que par l'autorité du comte de P*** et au prix de la discipline morale à laquelle elle s'astreint. Ce personnage révèle ainsi un état de la société européenne, société rigide, dans laquelle se meuvent des individus qui ont subi les aléas provoqués par les bouleversements politiques, en Pologne dans *Adolphe* et en France dans l'horizon du lecteur de 1816.

Les deux protagonistes du récit sont des personnages déracinés – Ellénore est exilée de son pays et Adolphe est un être flottant, désamarré d'une famille qui n'est personnifiée que par un père, avec qui les échanges se

---

1. Voir François Rosset, « La Polonaise de Constant », *Annales Benjamin Constant*, 13, 1992, p. 144-152. **2.** Voir la variante donnée p. 68, note 2.

limitent à des lettres ou à un court dialogue au cœur du récit (chapitre V). Les oppose toutefois leur situation spécifique au moment où débute le récit : de dix ans plus âgée que lui, elle a retrouvé une stabilité et une place dans la société ; lui a une carrière à faire et un rang à conquérir. Désancrés, ils sont pourtant, par leur position respective, fortement soumis à la contrainte sociale. Cette contrainte est incarnée par des personnages dont les traits ne sont qu'esquissés : le père d'Adolphe, qui agit à distance, en « hors scène », mais n'en est pas moins puissant ; le comte de P***, qui a été aidé dans un moment financièrement difficile par Ellénore et qui, après avoir reconquis son rang, a su braver et dominer la norme sociale ; le baron de T***, qui marque le retour de la loi du père à la fin du récit. Même si la liaison entre Ellénore et Adolphe relève souvent du huis clos, Constant souligne dès le début du récit que l'amour ne peut s'abstraire du contexte social : « Cette société [...] pèse tellement sur nous, son influence sourde est tellement puissante, qu'elle ne tarde pas à nous façonner d'après le moule universel [1]. » Ainsi, dans le récit rétrospectif d'Adolphe, Constant analyse la dimension psychologique, les affects, les intermittences du cœur, et met en lumière le rôle puissant du contexte social sur la sphère intime.

UNE ÉDUCATION SENTIMENTALE TRAGIQUE

Le rôle de la société surgit dès la naissance de l'amour. Adolphe ne tombe pas amoureux de son propre mouvement. Ce qui suscite en lui l'envie d'aimer, ce n'est pas une poussée hormonale pubertaire, mais bien le spectacle du bonheur éprouvé par un jeune homme de son entourage au moment où il conquiert la femme aimée [2] : l'idée de l'amour précède l'amour. Dans ce premier pas, on peut voir une illustration de cette maxime de

1. Chapitre I, p. 63. 2. Début du chapitre II.

La Rochefoucauld : « Il y a des gens qui n'auraient jamais été amoureux, s'ils n'avaient jamais entendu parler de l'amour [1]. » La fiction illustre la vision de Constant telle qu'il l'exprime dans ses *Journaux*. Après un rêve nocturne d'amour, mais sans nom ni visage, il écrit : « Mais je ne vois pas encore clairement de qui je deviendrai amoureux. L'amour est au reste un sentiment qu'on place sur le premier objet venu. Tous les charmes qu'il prête sont dans l'imagination de celui qui l'éprouve. C'est une parure dont il entoure ce qu'il rencontre [2]. » Ce besoin affectif originel découple le sujet de son objet, ce qui n'empêche en rien ce sentiment de se muer en amour passion tel que le dépeint le début du chapitre IV. Ce paragraphe, dont la tonalité lyrique se démarque du style analytique, se clôt sur lui-même par la reprise en clausule de la formule d'ouverture : « Charme de l'amour ». On a pu l'interpréter comme un corps étranger, un placage tardif, mais Alison Fairlie a parfaitement montré comment il s'intégrait dans une progression voulue, révélant la découverte du sentiment amoureux par le personnage [3]. Il exprime un état amoureux auquel aspirent Adolphe et Ellénore, par exemple dans le rêve d'une transparence des cœurs, dépeint par le négatif, comme un horizon idéal perdu : « Dès qu'il existe un secret entre deux cœurs qui s'aiment, dès que l'un d'eux a pu se résoudre à cacher à l'autre une seule idée, le charme est rompu, le bonheur est détruit [4]. » Le terme « charme » fait écho à la « magie », à « l'enchantement » de l'amour, qui s'empare du temps. Or, et ce dès la fin du chapitre III, ce discours entre en conflit avec une analyse qui réintroduit la durée : « Malheur à l'homme qui, dans les

---

1. Maxime 136, *Réflexions ou Sentences et maximes morales* (1678), dans *Œuvres complètes*, Gallimard, « Bibliothèque de la Pléiade », 1957, p. 421. **2.** *Journaux intimes*, 28 avril 1805, *op. cit.*, p. 512. Idée également formulée dans *Amélie et Germaine* (§ 11). **3.** « The shaping of *Adolphe* : some remarks on variants », dans *Imagination and Language. Collected Essays on Constant, Baudelaire, Nerval and Flaubert*, éd. M. Bowie, Cambridge University Press, 1981, p. 110-111. **4.** Chapitre V, p. 93.

premiers moments d'une liaison d'amour, ne croit pas que cette liaison doit être éternelle [1] ! » Une des difficultés d'Adolphe, c'est qu'il est un personnage de l'entre-deux : il conquiert Ellénore comme un libertin mais il vit cette liaison comme un héros sentimental, habité d'une vision idéaliste de l'amour ; dans un milieu marqué par le libertinage, il doit pourtant faire une carrière, contrairement à un Valmont dont la seule activité est la séduction et la vie mondaine.

Très vite, dans une succession qui donne toute sa cruauté à cette peinture de la passion, la liaison devient un « lien » : en effet le comte de P*** doit s'absenter. Le paragraphe qui décrit le bonheur de cette liberté donnée aux deux amants est scindé en deux par la formule « Mais cependant [2] » qui introduit l'idée de contrainte : « Ellénore était sans doute un vif plaisir dans mon existence, mais elle n'était plus un but : elle était devenue un lien [3]. » Ainsi, l'obstacle suscite le désir ; il est nécessaire pour que l'amour résiste au temps, comme le note Constant dans son journal un mois après le début de passionnées retrouvailles avec Charlotte : « L'ennui commence. Cependant, au moindre obstacle, gare que la fièvre ne me reprenne [4]. » C'est à l'analyse de ces « intermittences » du cœur, de cette dialectique du désir, finement construite, qu'est consacrée la plus grande partie de l'intrigue d'*Adolphe* qui s'étend sur trois ans [5] : vouloir ce qui échappe, échapper à ce qui se donne. Mais cette analyse ne porte pas simplement sur un être particulier, indécis, impuissant à aimer ; elle illustre plus largement notre condition. Marcel Proust, dans *La Prisonnière*, exprimera une vision qui prolonge celle que Constant incarne dans *Adolphe* : « Tout être aimé, même dans une certaine mesure tout être, est pour nous comme Janus, nous présentant le front qui nous plaît si cet être nous quitte, le front morne si nous le savons à notre perpétuelle

1. Chapitre III, p. 83. 2. Chapitre IV, p. 84. 3. Chapitre IV, p. 84-85. 4. *Journaux intimes*, « Journal abrégé », 24 novembre 1806, *op. cit.*, p. 597. 5. Chapitre X, p. 133.

disposition[1]. » Le tragique de cette vision est que ces mouvements du cœur échappent à la volonté qui ne peut créer la magie de la passion. Les personnages entrent dès lors dans une phase autodestructrice : dans un mouvement tragique, la compassion et le souci même de ménager Ellénore en ne la quittant pas ou en lui taisant ce désir de la quitter contribuent, peut-être bien plus que la cruauté, à sa destruction. Pour Stendhal, « tout le roman n'est qu'une déclaration de haine[2] ». Dans sa brutalité, la formule est juste : la compassion d'Adolphe tient aussi d'une forme de sadisme[3], car il est spectateur de la souffrance d'Ellénore (« J'avais brisé l'être qui m'aimait[4] »), dans une forme d'inconscience ou d'aveuglement volontaire qui voisine la complaisance.

Rompre, et c'est là aussi une dimension essentielle de la question qu'affronte Adolphe, c'est détruire un passé, comme le note Constant dans son journal : « Le charme des anciennes liaisons est peut-être plus en ceci qu'elles nous rappellent des temps plus jeunes, plus gais, plus vivants de notre vie que par ce qu'elles valent intrinsèquement[5]. » Quitter Ellénore, c'est rompre avec son propre passé. Dans cette perspective, il faut rappeler qu'Adolphe pose, dans sa rêverie du chapitre VII, un autre passé, une autre femme, en concurrence avec Ellénore : c'est cette femme imaginaire qui le réconcilierait avec son enfance, le réinstallerait dans le château de ses vieux parents, bordé par les Alpes. Ce serait l'amour enfin en harmonie avec les vœux du père, mais dans un fantasme de régression vers le corps de la mère, absente du récit, si ce n'est sous les traits d'Ellénore lorsqu'elle est avec ses deux enfants[6].

1. *À la recherche du temps perdu*, Gallimard, « Bibliothèque de la Pléiade », 1988, t. III, p. 686. Ce rapprochement a été suggéré par Maurice Blanchot, « *Adolphe*, ou le malheur des sentiments vrais », dans *La Part du feu*, Gallimard, 1949, p. 230. 2. Voir Dossier. 3. Voir Béatrice Didier, « *Adolphe* ou le double plaisir », *Europe*, 467, 1968, p. 79-85. 4. Chapitre X, p. 135. 5. *Journaux intimes*, 18 novembre 1804, *op. cit.*, p. 410. 6. Comme l'a montré Pierre Glaudes, « Les traits d'Ellénore », dans *Lire avec Freud*, dir. P. Bayard, PUF, 1998, p. 26-48. De son côté, Han Verhoeff a souligné l'ambivalence profonde des sentiments, en

Ainsi, contrairement à d'autres romans, comme *Manon Lescaut*, où des Grieux ne cesse d'aimer Manon mais doit affronter des obstacles, *Adolphe* est le récit de l'impuissance à aimer dans le temps et dans l'espace social, et raconte la lente mais sûre décomposition d'une relation dont Constant analyse avec acuité les paliers : les désaccords du cœur et l'impossibilité de communiquer (« Nous nous prodiguions des caresses, nous parlions d'amour ; mais nous parlions d'amour de peur de nous parler d'autre chose [1] »), les premières querelles « sans réparation [2] » et la crédulité d'Ellénore qui semble croire à l'amour contre l'évidence (chapitre VI), l'union dans la mémoire de l'amour passé (« Nous vivions, pour ainsi dire, d'une espèce de mémoire du cœur [3] »), les tentatives de reconquête par le biais de la jalousie (chapitre VIII), et l'impossible séparation, jusqu'au drame final, la mort d'Ellénore dont la voix posthume clôt le récit par le biais de la lettre qu'elle a laissée avant de mourir. Cet épilogue constitue le point culminant d'un pathétique où l'effet lacrymogène, décrit dans les récits de lectures de l'époque, est soigneusement construit [4].

À l'impuissance d'aimer d'Adolphe s'oppose la manière dont le comte de P*** a su transformer la passion amoureuse en durée. Son amour, composé de respect et de reconnaissance, de confiance et de générosité (il reconnaît les enfants qu'il a d'Ellénore, et lui propose de l'argent alors qu'elle l'a quitté pour Adolphe), incarne, autant que celui d'Adolphe, la rupture avec les codes sociaux : on ne sait pas s'il est marié, veuf, mais il est clair que sa liaison n'est pas conforme aux règles. Il n'en réussit pas moins à l'imposer dans la société et dans

---

montrant que « la mort d'Ellénore est l'aboutissement de l'agressivité d'Adolphe et aussi de son identification avec elle » (*Adolphe et Constant. Une étude psychocritique*, Klincksieck, 1976, p. 74). **1.** Chapitre V, p. 93. **2.** Chapitre V, p. 92. **3.** Chapitre VI, p. 107. **4.** Sur l'émotion et les larmes provoquées par les lectures publiques du manuscrit d'*Adolphe*, voir Dossier. Voir également, dans le Dossier, la gravure p. 184 (*Annonce du divorce de Napoléon à Joséphine*), montrant la douleur d'une femme abandonnée.

la durée, offrant un contrepoint à Adolphe : le comte de P***, c'est Adolphe constant et volontaire, homme actif triomphant du préjugé social. Il est l'illustration de cette affirmation du héros : « Je suis convaincu que, si j'avais eu de l'amour pour Ellénore, j'aurais ramené l'opinion sur elle et sur moi [1]. » Ainsi, quelque puissante que soit l'action de la société, Constant laisse entrevoir que l'individu peut lui résister, à condition d'en avoir le désir et la force.

LE ROMANESQUE DE CONSTANT

Le début du XIXe siècle correspond à la vogue du roman sentimental, dont l'intrigue se caractérise souvent par cette alternative : le mariage ou la mort [2]. Certains aspects d'*Adolphe* peuvent y renvoyer, à commencer par le destin d'Ellénore ; de même, le fait de mettre l'accent principal sur les personnages et leurs sentiments plutôt que sur les rebondissements d'une intrigue reprend un principe romanesque revendiqué par Rousseau dans *Julie ou la Nouvelle Héloïse* (1761). Cela dit, Constant élabore une formule romanesque originale dans laquelle les personnages sont peu nombreux et décrits sommairement, où les paysages et les objets sont rares. Contrairement à Rousseau (« Préface de *La Nouvelle Héloïse* ou entretien sur les romans »), Balzac (« Avant-propos » de *La Comédie humaine*) ou Zola, il n'a pas laissé une théorie du roman ; il a du moins développé des éléments sur la dimension morale de la fiction, dans la préface de la deuxième édition d'*Adolphe*, à quoi s'ajoutent ses textes sur le théâtre et ses articles critiques. Même si *Adolphe* est le seul roman achevé de Constant et qu'il est centré sur la parole

1. Chapitre V, p. 92. 2. Selon la formule de Silvia Lorusso : *Matrimonio o morte. Saggio sul romanzo sentimentale francese (1799-1833)*, Tarente, Lisi editore, 2005. Parmi les études récentes sur ce genre romanesque, voir aussi Brigitte Louichon (*Romancières sentimentales. 1789-1825*, Presses universitaires de Vincennes, 2009), qui l'a étudié à partir des textes publiés par des femmes.

et l'introspection, il n'en obéit pas moins à une certaine vision du roman qui ne se réduit pas à une pure analyse psychologique, mais qui inscrit l'individu dans la société.

UNE DRAMATURGIE

Dès sa parution, on a rapproché *Adolphe* d'univers dramaturgiques. Stendhal l'a ainsi qualifié de « marivaudage tragique ». Le nombre réduit de personnages et de lieux, une intrigue, asséchée, portée par la parole et progressant par scènes successives contribuent au sentiment que, dans sa mise en récit de situations intimes, Constant s'appuie largement sur des éléments relevant de la poétique théâtrale qu'il avait développée dans la préface de son adaptation du *Wallenstein* de Schiller en 1809, et qui est d'abord marquée par le souci de réduire l'intrigue à l'essentiel, dans une recherche de la « simplicité d'action » que revendique Racine dans la préface de *Bérénice* : « un roman dont les personnages se réduiraient à deux, et dont la situation serait toujours la même [1] ». Au moment où le drame romantique est en germe, Constant reste attaché à certaines contraintes de la tradition théâtrale française, par souci du public, mais aussi par choix esthétique. Ainsi, dans *Wallstein*, il réduit le nombre des personnages, de quarante-huit chez Schiller à douze. À cette réduction du personnel s'ajoute une concentration de l'intérêt romanesque, obéissant à ce qu'il appelle la poétique de l'« isolement [2] » : de Phèdre, dit-il, on ne connaît que « son amour pour Hippolyte, mais nullement son caractère personnel indépendamment de cet amour [3] ». C'est donc bien la tragédie française qui constitue le modèle d'*Adolphe* pour ce qui est de la concentration de l'intérêt dramatique sur le conflit central. Dans la même perspective, alors que Chateaubriand déploie

1. « Préface de la troisième édition », p. 51. 2. « Quelques réflexions sur la tragédie de *Wallstein* et sur le théâtre allemand » (1809), repris dans « De la guerre de Trente Ans, de la tragédie de *Wallstein*, par Schiller, et du théâtre allemand », *Mélanges de littérature et de politique*, dans *Œuvres*, *op. cit.*, p. 903. 3. *Ibid.*, p. 902.

dans *René* la palette de ses paysages automnaux, Germaine de Staël celle des couleurs de l'Italie dans *Corinne,* ou Senancour celle du sublime alpin dans *Oberman*, Constant ne décrit quasiment aucun espace : seules quelques montagnes bordent le château de l'enfance, où des herbes glacées craquent sous les pas des personnages. Et, au faste du bal qui ouvre *La Princesse de Clèves*, roman auquel on a volontiers comparé *Adolphe*, il oppose un univers sans objet, ou si peu, des lieux non décrits et sans assignation précise – chambre, salon, boudoir ? – qui tiennent du palais à volonté de la tragédie classique, focalisant l'intérêt sur les deux personnages centraux.

La tragédie constitue un des modèles à partir desquels Constant construit sa conception du roman, non seulement dans l'élaboration de l'intrigue, mais aussi pour ce qui touche à la tonalité. À la suite de Stendhal, la critique a de plus retenu la notion de « tragique », pour trois raisons [1]. Tout d'abord, nous nous trouvons face à un dilemme sans issue satisfaisante. Dans une formulation qui évoque celle des avant-propos de Racine, Constant précise dans la « Préface de la seconde édition » : « Sa position et celle d'Ellénore étaient sans ressource, et c'est précisément ce que j'ai voulu. Je l'ai montré tourmenté parce qu'il n'aimait que faiblement Ellénore : mais il n'eût pas été moins tourmenté, s'il l'eût aimée davantage [2]. » Ensuite, parce que, dans les éléments qui amènent la destruction finale, l'intrigue mêle savamment les caractères – indécision d'Adolphe et goût du sacrifice chez Ellénore – dont les personnages sont prisonniers et les causes extérieures, la société comme expression de la fatalité : la catastrophe finale est provoquée par un tiers, la lettre du baron de T***. Il est important de rappeler que dans la préface de *Wallstein*, Constant proposait de faire des personnages secondaires

---

1. Je reprends ici les analyses d'Alison Fairlie, « The art of Constant's *Adolphe* : I. The stylization of experience », *Imagination and Language*, *op. cit.*, p. 6, et de Kurt Kloocke, *Benjamin Constant : une biographie intellectuelle*, Genève, Droz, 1984, p. 159. **2.** « Préface de la seconde édition », p. 149-150.

un équivalent du chœur de la tragédie grecque, idée qu'il reprit en 1829 dans ses *Réflexions sur la tragédie* : « L'auteur a même souvent besoin de personnages secondaires. Le spectateur doit savoir ce qu'est l'état de la société en elle-même, indépendamment du héros ; car elle ne pèse point sur ce héros seul, mais sur tout ce qui l'entoure, sur tout ce qui coexiste avec lui [1]. » Dans *Adolphe*, telle est bien la fonction du baron de T***. Tragique enfin, dans le sens où le personnage passe d'un aveuglement partiel au début à une clairvoyance sur son destin par la révélation de la lettre d'Ellénore, où un équilibre est établi entre innocence et culpabilité, prédestination (fatalité sociale) et liberté. Ce tragique se déploie dans la relation complexe, souvent conflictuelle, de l'individu au langage, à l'amour, à la société et à la religion.

La réduction des personnages, la raréfaction des paysages et des objets, la dimension tragique ne doivent pas nous faire oublier la part du romanesque dans ce récit. Présentés avec une sobriété qui leur donne une vraisemblance, des événements comme la rencontre avec Adolphe dans une auberge d'Italie et la transmission de la cassette avec le manuscrit en sont de bons exemples. De même, la mort d'Ellénore s'inscrit dans une tradition littéraire qui représente la femme en victime sacrificielle, que l'on songe à Julie dans *La Nouvelle Héloïse*, à Virginie chez Bernardin de Saint-Pierre, à Atala ou à Corinne [2] : tous ces récits mettent en scène la mise à mort de l'héroïne, non voulue certes, sans doute, mais effective. Mais, plus que sur les rebondissements d'une aventure, Constant use d'autres potentialités du roman, présentant *Adolphe* comme une « anecdote » et démultipliant les voix.

---

1. *Œuvres*, *op. cit.*, p. 956. **2.** Walter Pabst a mis en lumière la présence du thème de « la femme victime qui succombe à un ordre du monde déplorable », qui trouverait son origine dans *La Vie de Marianne* de Marivaux et dans *Clarissa Harlowe* de Richardson (« *Cécile* de Benjamin Constant. Document ou fiction littéraire ? », *Benjamin Constant* [Actes du congrès de Lausanne, 1967], Genève, Droz, 1968, p. 150).

LES ENJEUX DU TITRE

Le titre inscrit le récit dans les codes du récit de l'époque : *Adolphe, anecdote trouvée dans les papiers d'un inconnu et publiée par M. Benjamin de Constant*. Le nom de personnage renvoie à une série qui se développe plus particulièrement à la fin des Lumières et dans les premières années du XIXe siècle : *Dolbreuse, ou l'Homme du siècle* (1783) de Loaisel de Tréogate, *René* (1802) de Chateaubriand, *Delphine* (1802) de Germaine de Staël, *Valérie* de Mme de Krüdener (1803), *Oberman* (1804) de Senancour, *Ourika* (1823) et *Édouard* (1825) de Mme de Duras, *Aloys* (1829) d'Astolphe de Custine. On ne peut ramener à une seule catégorie ou sous-genre l'ensemble de ces romans, et le cas de *Corinne, ou l'Italie* montre que le sous-titre permet des développements nouveaux, faisant du personnage l'allégorie d'une nation, par exemple. Pour le lecteur de 1816, le titre inscrivait *Adolphe* dans l'horizon de *René*, récit court, à la première personne, où un personnage tourmenté, inquiet, incarne « le travers particulier des jeunes gens du siècle [1] », germe morbide introduit par Rousseau et développé par Goethe dans *Werther*. Certes, Constant avait émis de sérieuses réserves sur le *Génie du christianisme*, mais il n'en admirait pas moins l'« épisode » – c'est le terme même par lequel Chateaubriand désigne *René* dans l'« Extrait de la Défense du *Génie du christianisme* » – qui y était inséré : « Je regarde cet ouvrage comme une des plus belles choses qui aient été écrites dans la langue française [2]. » Les échos ne manquent pas entre ces deux récits : héros en marge de la société, aimé passionnément mais impuissant à aimer. De plus, Constant a songé à faire d'Adolphe un cas du siècle comme René, ainsi qu'en témoignent les brouillons de la « Préface de la seconde édition » : « J'ai voulu peindre dans *Adolphe* une des

1. Chateaubriand, « Préface de 1805 », *René*, GF-Flammarion, 1996, p. 83. 2. Lettre à Anne de Nassau, 6 novembre 1805, dans *Correspondance générale*, Tübingen, Niemeyer, 2007, t. V, p. 418.

principales maladies morales de notre siècle [1]. » Même si cette volonté n'est plus explicite dans la version définitive, elle reste une des dimensions du personnage.

Dans cette perspective, le sous-titre – « Anecdote trouvée dans les papiers d'un inconnu et publiée par M. Benjamin de Constant » – prend toute sa signification. Au sens étymologique, une anecdote est un fait inédit. Dans la tradition, sa fonction est celle de l'*exemplum*, c'est-à-dire un moyen de preuve au sens où l'entend Aristote dans sa *Rhétorique* [2]. Le sous-titre d'*Adolphe* crée ainsi un horizon d'attente, celui d'un petit fait instructif, faisant écho à la préface, et dont la portée didactique sera précisée dans l'échange épistolaire entre l'éditeur et son correspondant. Les « papiers d'un inconnu » reprennent le *topos* du manuscrit (ou des lettres) trouvé, recueilli et publié par un tiers. Au XVIIIe siècle, ce motif a été souvent repris, les écrivains jouant sur l'effet d'authenticité des textes publiés. Jean-Jacques Rousseau s'était présenté dans *Julie ou la Nouvelle Héloïse* comme celui qui avait recueilli et publié les « Lettres de deux amants habitants d'une petite ville au pied des Alpes ». À sa suite, Laclos avait désigné *Les Liaisons dangereuses* comme des « Lettres recueillies dans une société », mais l'« éditeur » démentait le « rédacteur » par cette déclaration : « nous

1. Fragment 41, voir Dossier. 2. C'est en ce sens que Germaine de Staël l'utilise pour étayer une affirmation politique : « Une anecdote peut servir à faire connaître comment, dès les premiers jours de l'avènement de Bonaparte au Consulat, ses alentours savaient de quelle façon servile il fallait s'y prendre pour lui plaire » (*Considérations sur la Révolution française*, IV, 5 [1818, posthume], Tallandier, 1983, p. 370-371). Dans la tradition littéraire, le terme est à la fois utilisé dans le récit historique, comme par exemple dans les *Anecdotes sur le czar Pierre le Grand* (1748) de Voltaire, et dans le roman : « Dans l'essor impérieux d'une imagination ardente, j'ai écrit l'anecdote qu'on va lire », affirme par exemple Loaisel de Tréogate pour présenter *Lucile et Milcourt, ou le Cri du sentiment* (1779). À la fin du XVIIIe siècle, l'anecdote présente plus souvent un petit récit qui porte une valeur illustrative ou morale. Il reprend sa dimension d'exemple à valeur historique chez un Stendhal, qui avait initialement donné pour sous-titre à *Armance* (1827) « Anecdote du XIXe siècle ».

ne garantissons pas l'authenticité de ce recueil[1] ». Dans l'horizon d'attente du lecteur de 1816, l'histoire du manuscrit trouvé pouvait être l'indice d'une fiction ; comme en témoignent la réception dans les journaux et les réactions de ses proches, cependant, les contemporains de Constant ont penché non pour un récit véridique, mais pour un texte à clés. C'est contre cette lecture que Constant s'est élevé dans la préface de la deuxième édition ; en dernière analyse, ce qui importe et doit trancher, c'est la valeur de l'anecdote : « Chercher des allusions dans un roman, c'est [...] substituer le commérage à l'observation du cœur humain[2]. » Au lecteur donc de bien lire *Adolphe*, c'est-à-dire comme un roman, qui a un « caractère et [un] résultat moral », pour reprendre le titre de la « Préface de la seconde édition ». Avec l'idée de *résultat moral*, Constant apporte une notion essentielle qui renouvelle les enjeux de la fiction.

LA MULTIPLICATION DES POINTS DE VUE : LE « RÉSULTAT MORAL »

Le « résultat moral » que doit produire l'« observation du cœur humain » est aussi un des effets du « manuscrit trouvé ». Ce document est présenté par un « Avis de l'éditeur » et commenté après coup dans un échange entre « l'éditeur » et un correspondant anonyme : est-il utile ou non de publier ce manuscrit ? Cet encadrement du récit permet à deux voix de s'exprimer et de donner des avis divergents : le correspondant juge ce récit instructif et plaint Adolphe, alors que l'éditeur doute de son utilité et condamne le personnage (« Je hais d'ailleurs cette fatuité d'un esprit qui croit excuser ce qu'il explique[3] »).

L'insertion de ce double point de vue sur les actions du protagoniste s'inscrit dans une tradition littéraire

---

1. « Avertissement de l'éditeur », *Les Liaisons dangereuses*, GF-Flammarion, 2006, p. 70. **2.** « Préface de la seconde édition », p. 147. **3.** « Réponse », p. 143-144.

reprenant, dans une formule différente, ce que Chateaubriand avait mis en place dans *René*, qui se termine par un dialogue entre Chactas, l'auditeur indulgent, et le père Souël, le juge rigoureux. Constant avait été sensible à cet épilogue qui permettait un dépassement, une forme de renversement ironique :

> Mais lorsqu'à la fin du roman, je trouve le discours sévère et juste du père Souël, je sais bon gré à l'auteur d'avoir réuni beaucoup de raison à la conception et à la peinture de toute l'exaltation et de tout le vague qui paraît à la jeunesse au-dessus de la raison. Ce contraste rapide fait un effet extrême, et d'autant plus grand que le lecteur ne s'attend pas à trouver l'auteur, qui a si bien décrit la rêverie de René, capable de juger et de l'apprécier suivant les idées communes [1].

Dans *Adolphe*, ces appréciations sont exprimées dans les textes encadrants, à distance donc du personnage, distance qui donne une portée plus large au jugement moral à porter sur le récit. Or, le dialogue entre les deux personnages ouvre sur une plus grande complexité : les deux correspondants sont en désaccord, notamment sur l'utilité morale du récit à laquelle l'éditeur ne croit pas. Et pourtant, il le publie : c'est que Constant distingue « but » et « résultat moral », expression qu'il utilise dans le titre de la « Préface de la seconde édition » et qu'il explicite dans sa lecture critique de *Corinne* :

> Si, par la morale d'un ouvrage, on comprend une morale directe, exprimée en toutes lettres, comme celle qui se trouve à la fin des fables de La Fontaine, j'affirme que, dans un ouvrage d'imagination, une pareille morale est un grand défaut. [...] La morale d'un ouvrage d'imagination se compose de l'impression que son ensemble laisse dans l'âme : si, lorsqu'on pose le livre, on est plus rempli de sentiments doux, nobles, généreux qu'avant de l'avoir commencé, l'ouvrage est moral, et d'une haute moralité. La morale d'un ouvrage ressemble à l'effet de la musique ou de la sculpture. Un homme de génie me disait un jour qu'il se sentait

1. Lettre à Anne de Nassau, 6 novembre 1805, *Correspondance générale*, *op. cit.*, p. 418-419.

> meilleur après avoir contemplé l'Apollon du Belvédère. [...] Un ouvrage d'imagination ne doit pas avoir un but moral, mais un résultat moral [1].

Cette réflexion trouve un écho dans le récit lui-même qui met en lumière l'effet des propos ou des actions, notamment lorsque, essayant d'écrire une lettre de rupture, Adolphe s'arrête, envisageant non plus le sens de ses paroles, mais « l'effet qu'elles ne pouvaient manquer de produire [2] ». La mise en fiction, le travail de polissage du texte trouve ici sa raison première : l'esthétisation du conflit intime, plus que son contenu même, est ce qui doit élever le lecteur. L'œuvre ne doit pas donner une leçon préétablie, mais contribuer à la formation morale du lecteur, à son « éducation esthétique », pour reprendre la thèse et le titre d'un essai célèbre de Schiller (*Lettres sur l'éducation esthétique de l'homme*, 1795). Le croisement des points de vue et la multiplicité sont des moyens sûrs d'y atteindre.

Aussi cette diffraction des voix se retrouve-t-elle dans le récit rétrospectif d'Adolphe lui-même, et c'est là une des grandes spécificités de ce texte qui présente un individu clivé, dans une dualité irréductible. Rendant compte de conversations avec Goethe, Constant écrit dans son journal le 16 février 1804 : « Il y a une partie de l'homme qui agit, et une autre qui juge [3]. » Dans *Adolphe*, il démultiplie le sujet et le diffracte dans les instances du

1. « De Mme de Staël et de ses ouvrages », *Mélanges de littérature et de politique*, dans *Œuvres*, *op. cit.*, p. 866-867. Dans ce texte, Constant reprend son compte rendu de *Corinne* paru dans *Le Publiciste* en mai 1807 (voir Benjamin Constant, *Œuvres complètes*, *op. cit.*, t. III, 2, p. 1051-1071). 2. Chapitre V, p. 97. 3. *Journaux intimes*, 16 février 1804, *op. cit.*, p. 269. Helen Rosenblatt a relevé sur ce point la probable influence de la doctrine qu'Adam Smith développe dans *The Theory of Moral Sentiments* : « Consider the fact that from birth we are both spectacle and spectator in the world, we are judged and judges [...] so that a conscience is formed within us » – « Considérez le fait que depuis la naissance nous sommes à la fois le spectacle et le spectateur dans le monde, nous sommes jugés et juges [...] ; c'est ainsi qu'une conscience se forme au-dedans de nous » (« Reinterpreting *Adolphe* : the sexual politics of Benjamin Constant », *Historical Reflections/ Réflexions historiques*, XXVIII, 3, automne 2002, p. 342).

récit : le « je » de l'éditeur et celui de son correspondant installent deux premiers observateurs sur Adolphe, qui est divisé entre narrateur et personnage, lui-même dédoublé : « cela satisfait cette portion de nous, qui est, pour ainsi dire, spectatrice de l'autre [1] ». Ce creusement réflexif est à l'œuvre partout dans le récit : « un nouveau besoin se fit sentir au fond de mon cœur. Il y avait dans ce besoin beaucoup de vanité sans doute, mais il n'y avait pas uniquement de la vanité ; il y en avait peut-être moins que je ne le croyais moi-même [2] ». Dans ce passage se superposent le sentiment immédiat (« un nouveau besoin »), le jugement sur le moment (la vanité que je croyais entrer dans ce sentiment) et celui du narrateur, à distance (en réalité, il y avait moins de vanité que je le pensais). En l'absence d'une interprétation univoque, le lecteur est confronté à plusieurs niveaux d'analyse, et invité à se forger son propre jugement. Cet effritement du sujet est toutefois canalisé dans un paradoxe. Si le sujet se fragmente, il ne forme pas moins une unité, mais close : « On n'est connu jamais que de soi, on ne peut être jugé que par soi : il y a entre soi et les autres une barrière invincible [3]. » Fragmenté *et* étanche, tel est l'individu constantien.

Ce creusement réflexif sur un « moi » individualisé fait souvent aussi place à des généralisations : la maxime fait rage dans *Adolphe*, ce qui inscrit dans le texte une veine moraliste, au sens de La Rochefoucauld ou, plus près de Constant, de Chamfort ou de Joubert. Le recours à la maxime soulève un double paradoxe. D'une part, si chaque individu est irréductible et opaque aux autres [4], comment espérer tirer une règle qui soit bonne pour lui dans un énoncé généralisant ? D'autre part, Adolphe déclare sa haine à l'égard de « toutes les maximes communes et pour toutes les formules dogmatiques [5] » :

1. Chapitre II, p. 71. **2.** Chapitre II, p. 65. **3.** *Journaux intimes*, 12 juin 1804, *op. cit.*, p. 319. **4.** « Les autres sont-ils ce que je suis ? Je l'ignore. Certainement, si je me montrais à eux ce que je suis, ils me croiraient fou » (*ibid.*, 18 décembre 1804, p. 428). **5.** Chapitre I, p. 62.

comment concilier cette aversion et le penchant d'Adolphe narrateur pour la généralisation sentencieuse ? Ces deux paradoxes, auxquels il est difficile de trouver une résolution satisfaisante, marque du moins une aporie dans l'appréhension du sujet. Dans *Adolphe*, on peut constater que la maxime est le lieu où la barrière entre soi et les autres est franchie. La singularité du personnage touche, par endroits, au comportement de l'espèce. Le mouvement peut être inductif (aller du personnage au général) ou déductif, lorsque la règle générale permet d'expliquer le comportement du personnage. Une dialectique s'installe, qui fait de l'anecdote d'*Adolphe* une fable sur la condition humaine, une « histoire assez vraie de la misère du cœur humain [1] », nous dit l'éditeur dans un pastiche de Pascal, pour autant que l'on garde ouverts le sens et la portée de cette « anecdote ».

Traits classicisants d'un récit romantique

Usant d'éléments qu'on pourrait assigner à la tradition classique française (l'assèchement de l'intrigue, la réduction des personnages, l'usage fréquent de la maxime) et introduisant des aspects plus proches d'une appréhension romantique du sujet (le « moi » dédoublé, clivé), *Adolphe* a été tantôt vu comme un chef-d'œuvre de la tradition classique française, tantôt rangé parmi les exemples du récit romantique. Il faut reprendre cette opposition binaire en tenant compte de l'historicité de ces jugements esthétiques.

Ainsi, dans le contexte idéologique de l'après défaite de 1870, et dans l'atmosphère de défense des valeurs nationales, Émile Faguet écrit :

> Le roman psychologique, inventé par La Rochefoucauld et Racine, écrit pour la première fois par Mme de Lafayette, n'avait pas eu en France une très grande fortune. [...]

1. « Réponse », p. 143.

Constant nous rapporte, sans presque y prendre garde, un genre littéraire dont on n'avait plus l'idée depuis Marivaux [1].

Le style de Constant est une merveille de précision, alliant la justesse des formules à un sens éblouissant de l'épigramme : à le lire aujourd'hui, on pourrait souscrire au jugement de Faguet. Les contemporains l'ont perçu différemment, si l'on en juge d'après les commentaires des journalistes de 1816 :

> L'inconnu qui a écrit l'histoire d'*Adolphe* ne paraît pas moins familier avec le *genre romantique* que M. Benjamin de Constant lui-même. Il aime à se servir des expressions consacrées par la nouvelle école ; et il est souvent question dans son récit d'*orages*, de *mystères*, de *vie*, de *mort*, d'*avenir* et d'*idéal*. [...] Je remarquerai, en passant, que l'un des secrets du langage *romantique* est de rapporter ce qu'ils appellent « les phénomènes du monde intellectuel » aux phénomènes du monde visible. C'est ainsi qu'une femme transportée par la colère est *un bel orage*, et que des émotions ressemblent à *des feuilles décolorées*. Un ancien rêveur, nommé Aristote, a condamné dans sa rhétorique la bizarrerie de ces rapprochements ; mais M. W. Schlegel les approuve et les admire. Qui oserait balancer entre ces deux autorités [2] ?

La part faite à la polémique partisane, teintée de chauvinisme antigermanique, et aux exagérations schématiques (le mot « idéal », par exemple, n'apparaît qu'une seule fois dans le récit), il n'en reste pas moins que cette réaction met en lumière un aspect du style d'*Adolphe*, à savoir une pratique de l'image, dont nous ne percevons plus la dimension disruptive. Roman français classique, paradoxalement, puisque son auteur est un Suisse protestant, ou récit romantique ?

De fait, la poétique romanesque de Constant propose une synthèse très originale et réussie de traits hérités des

---

1. « Benjamin Constant », *Revue des Deux Mondes*, 1883, 3, cité par Norman King, « *Adolphe*, fin de siècle : critique et idéologie », *Studi francesi*, 68, 1979, p. 241. **2.** Anonyme, « *Adolphe* [...] (deuxième et dernier article) », *Le Constitutionnel. Journal politique et littéraire*, 23 juin 1816, p. 1-2.

Lumières, voire empruntés à l'âge classique, et des éléments du premier romantisme, tels qu'*Atala* ou *René* les avaient mis en œuvre en 1801 et 1802. Ainsi, stylistiquement, la phrase d'*Adolphe* est souvent brève et tendue. La pratique de la pointe (« son amour, qu'elle prenait pour le nôtre [1] ») et du paradoxe (« nous parlions d'amour de peur de nous parler d'autre chose [2] »), que Constant maîtrise admirablement, relève, en grande partie, des pratiques du salon, à savoir la conversation et la lettre. L'insertion de maximes, dont certaines semblent tenir du pastiche de La Rochefoucauld, ajoute une patine Grand Siècle, patine qui a été à l'origine de l'érection d'*Adolphe* en chef-d'œuvre de la tradition française du roman d'analyse.

À côté de ces traits, on relève cependant des images fortes, d'autant plus remarquables que Constant en use avec parcimonie. Par exemple, la révélation de sentiments intimes à autrui appelle une comparaison macabre : « ainsi les corps renfermés dans les tombeaux conservent souvent leur première forme, jusqu'à ce que l'air extérieur vienne les frapper et les réduire en poudre [3] ». Contrairement à *Corinne*, roman « son et lumière », *Adolphe* présente un univers sans couleurs, si ce n'est le gris, sans musique, sans dessin, dans lequel ni les personnages ni les lieux ne sont décrits. Pourtant quelques images introduisent la voix du premier romantisme. L'adjectif « vague » qui qualifie l'émotion ou la rêverie d'Adolphe est un exemple particulièrement emblématique. Il est une catégorie morale, caractéristique des personnages du premier romantisme, comme en témoigne *René*, atteint du célèbre « vague des passions [4] ». Constant en fait, de plus, une catégorie littéraire : « abandon à des sensations non réfléchies », le vague lui « paraît être le caractère essentiel de la véritable

---

1. Chapitre VI, p. 104. **2.** Chapitre V, p. 93. **3.** Chapitre VIII, p. 118-119. **4.** Titre du célèbre chapitre du *Génie du christianisme* (II, III, 9) qui sert d'introduction à *René*.

poésie[1] ». La poésie allemande l'incarne, et plus particulièrement Goethe : « Goethe est un esprit universel et peut-être le premier génie poétique qui ait existé dans le genre vague et qui esquisse sans achever[2]. » De même, « bizarre » et « bizarrerie », qui qualifient des personnages ou des comportements, soulignent l'attention portée à ce qui est en rupture avec l'ordre commun, qu'il soit psychologique ou esthétique. Ainsi, Constant construit un récit qui offre une synthèse parfaitement intégrée des traits du roman libertin ou sentimental, de prose classique et d'éléments de la nouvelle « école romantique ».

ADOLPHE AU PAYS DU LANGAGE : L'INDIVIDU FACE AUX PIÈGES DE LA PAROLE

Éducation sentimentale, *Adolphe* est aussi une éducation linguistique, les deux étant intimement liées, puisque, comme le remarquait Stendhal en 1822 : « En amour tout est signe[3]. » Ce récit introspectif et réflexif engage une interrogation sur le langage comme outil d'analyse et de communication, sur les pouvoirs et les défaillances de la parole. Le prologue (« Avis de l'éditeur ») ouvre sur un dysfonctionnement : l'éditeur rencontre un personnage silencieux, un « étranger », dans une région de Calabre, où les communications sont coupées. On ne peut mieux dire l'enfermement de l'individu en soi. La fable qui met en place la situation énonciative du récit s'inscrit dans cette thématique de la difficulté de la communication entre soi et les autres. Dans ce prologue, les dialogues qui entrecoupent les moments de

1. *Journaux intimes*, 14 mai 1804, *op. cit.*, p. 307. Michel Delon a montré qu'au tournant des Lumières, le *vague* a un sens moral et relève d'une esthétique (« Du vague des passions à la passion du vague », dans *Le Préromantisme : hypothèque ou hypothèse ?*, Paul Viallaneix éd., Klincksieck, 1975, p. 488-498). 2. *Journaux intimes*, 7 mai 1804, *op. cit.*, p. 304. 3. *De l'Amour* (« De la pudeur »), Gallimard, « Folio », 1980, p. 84.

silence donnent la tonalité : « Je ne vous croyais pas si habile[1] », dit l'inconnu au médecin qui vient de le sauver ; le chirurgien le comprend sans doute comme un compliment, alors que l'éditeur perçoit le sens amèrement ironique de ces propos d'un inconnu qui espérait mourir. Ce double sens nous confronte d'emblée à un personnage de l'ironie.

Si le récit débute sur la fin des études du personnage, une autre formation commence, celle des usages de la langue en société, qui va mener Adolphe de la candeur initiale à l'habileté d'un narrateur et d'un personnage qui la pratique avec art. Dans les premières pages, il oscille entre deux usages opposés mais également néfastes de la parole, le retrait taciturne et l'esprit satirique sans retenue, l'un et l'autre sanctionnés par la société. Dans les rares souvenirs d'enfance qu'il rappelle figure l'épisode où il voit son père sourire à un bon mot sur les femmes. Non pas le dire, mais l'approuver d'un sourire, soulignant que les valeurs, construites sur les jugements, sont au cœur de cet apprentissage. Cet épisode vaut *a posteriori* pour lui comme un exemple de l'écart entre la morale enseignée aux enfants et l'affichage d'un cynisme libertin pour la galerie. Il fait l'expérience de la contradiction des discours, qui ouvre une fêlure dans la morale.

Cet écart entre dire et faire est la marque de la vie sociale, que Constant, à la suite de Rousseau, dépeint comme l'élément corrupteur : « Ce n'est pas le plaisir, ce n'est pas la nature, ce ne sont pas les sens qui sont corrupteurs ; ce sont les calculs auxquels la société nous accoutume, et les réflexions que l'expérience fait naître[2]. » Intégrant cette expérience, Adolphe pratique le double langage, en trompant Ellénore et M. de T*** par sa « duplicité » dans une soirée mondaine[3], ou en dissociant la promesse et la réalisation, voire l'intention, comme l'illustre de manière éclatante le commentaire qui suit l'engagement qu'il prend devant le baron de T*** :

---

1. « Avis de l'éditeur », p. 55. 2. Chapitre III, p. 83. 3. Chapitre IX, p. 127.

« J'étais oppressé des paroles que je venais de prononcer, et je ne croyais qu'à peine à la promesse que j'avais donnée [1]. »

Symptôme également de cette dégénération de la langue, l'ironie est à la fois une pratique du narrateur et l'objet d'une virulente critique : le « je ne sais quoi d'ironique » du père est ce qui introduit la note discordante dans ses rapports avec son fils. Obstacle à la transparence des cœurs, elle apparaît comme une figure de l'autodestruction, proche de ce que Sainte-Beuve avait qualifié de « disposition fatale [2] », au moment même où les romantiques allemands en font une figure privilégiée de leur esthétique. « Abus de mots dont la finesse ne peut nous tromper un instant [3] » : ce commentaire laconique que Constant donne d'un dialogue socratique dans ses *Journaux* s'inscrit dans sa prise de distance face à l'ironie comme figure de la découverte. Dans cet univers, l'ironie est souvent une figure de la destruction, voire de l'autodestruction, analogue à la « vorace ironie,/ Qui me secoue et qui me mord » de Baudelaire [4].

Or, paradoxalement, cette parole, sans référent moral, est aussi dotée d'une force performative, lorsqu'elle est appliquée à la relation affective entre deux êtres : « Telle est la force d'un sentiment vrai, que, lorsqu'il parle, les interprétations fausses et les convenances factices se taisent [5]. » Exprimer un sentiment a aussi la capacité de le faire exister : parler d'amour peut rendre amoureux, une querelle peut créer d'irréparables blessures. À la fois maniée avec légèreté et lourde dans ses conséquences, la parole est dotée de valeurs contradictoires que le sujet doit apprendre à maîtriser comme un jeu dont les règles changent constamment, maîtrise d'autant plus difficile que c'est par et dans ce même langage que passe la compréhension de soi-même. L'incertitude du personnage sur

1. Chapitre IX, p. 128. 2. Sainte-Beuve, *Portraits littéraires*, dans *Œuvres*, Gallimard, « Bibliothèque de la Pléiade », 1960, t. II, p. 687. 3. *Journaux intimes*, 13 août 1804, *op. cit.*, p. 352. 4. « L'héautontimorouménos » (v. 15-16), dans *Les Fleurs du mal*. 5. Chapitre V, p. 92.

ses propres sentiments est renforcée par les limites mêmes de la langue : « Les sentiments de l'homme sont confus et mélangés ; ils se composent d'une multitude d'impressions variées qui échappent à l'observation ; et la parole, toujours trop grossière et trop générale, peut bien servir à les désigner, mais ne sert jamais à les définir [1]. » Cette idée, que Constant a reprise dans d'autres textes, marque les limites de l'introspection, tant au niveau du personnage acteur que du narrateur. Ce n'est pas non plus un mince paradoxe que de proclamer dans un roman d'analyse les limites mêmes du langage comme instrument de l'introspection. Il fait écho aux réflexions des Idéologues [2], que Constant a rencontrés et bien connus, sur les rapports entre langue et connaissance de l'être intérieur. *Adolphe*, tout en donnant un éblouissant exemple, affirme dans le même temps les limites de l'introspection, en ce que le langage est un instrument insuffisant pour décrire les méandres de l'intériorité, mais aussi parce que dans l'observation de soi par soi on ne peut échapper à une forme de « mauvaise foi », pour reprendre un terme auquel Sartre donnera un développement propre.

Cette double question, dénaturation de la langue dans l'usage social et inadéquation entre les sentiments et les mots qui les expriment, s'enracine dans un contexte historique plus large : « Il y a longtemps que nous savons que les agitations révolutionnaires ont dénaturé la langue [3] », écrit Constant en février 1807. *Adolphe* propose une analyse dans le domaine privé d'un phénomène politique. Il est intéressant qu'une des voies indiquées pour retrouver la nature des mots passe par l'usage ingénu de la langue que fait une étrangère, Ellénore la Polonaise : « car les idiomes étrangers rajeunissent les

---

1. Chapitre II, p. 65. **2.** Les « Idéologues » sont un groupe de philosophes français de la fin du XVIIIe et du début du XIXe siècle, dont Destutt de Tracy (1754-1836), Cabanis (1757-1808) et Volney (1757-1820). Ils ont développé une science des idées, fondée notamment sur l'analyse du langage, la grammaire et la logique. **3.** Article manuscrit, dans *Recueil d'articles. 1795-1817*, éd. E. Harpaz, Genève, Droz, 1978, p. 78.

pensées, et les débarrassent de ces tournures qui les font paraître tour à tour communes et affectées [1] ». L'élément étranger est ce qui vient régénérer une société sclérosée, et qui permet de libérer l'individu de la contrainte sociale, comme Ellénore est celle par laquelle Adolphe tente d'échapper au destin tracé par son père.

UNE RÉFLEXION SUR LA POLITIQUE ET SUR LA RELIGION

Dans un fragment de la préface de la deuxième édition d'*Adolphe*, Constant avait écrit : « Car encore une fois tout se tient. L'inconstance ou la fatigue en amour, l'incrédulité en religion sous mille formes, ternes ou effrayantes, la servilité en politique sont des symptômes contemporains [2]. » Pourtant le récit focalisé sur les deux personnages centraux fait peu de place au politique et au religieux. De même, l'*incipit* (« je venais de finir à vingt-deux ans mes études à l'université de Gottingue ») inscrit l'intrigue dans une temporalité subjective – en indiquant l'âge du personnage – et dans un espace qui se réfère à l'expérience de Constant, lequel a étudié à Erlangen et s'est installé en 1812 à Gottingue avec Charlotte de Hardenberg. Or, on l'a vu, l'exil d'Ellénore renvoie à la situation de la Pologne à la fin du XVIIIe siècle en même temps qu'elle peut être une métaphore de l'émigration qui a suivi la Révolution française. Nombreux furent les émigrés qui ont séjourné en Allemagne, comme en témoigne le cadre donné à certains romans de l'émigration comme *L'Émigré* (1797) de Sénac de Meilhan, dans lequel une comtesse de Loewenstein recueille le marquis de Saint-Alban, blessé de l'armée des Princes, dans son château au bord du Rhin. Pour le lecteur de 1816, la cour allemande évoque, si ce n'est par l'expérience vécue,

1. Chapitre II, p. 70. 2. Fragment 47, voir Dossier.

du moins par la tradition littéraire, un espace connu et renvoyant à l'émigration.

Dès lors, trois niveaux se superposent dans *Adolphe.* En premier lieu, la désignation des protagonistes par des prénoms plutôt que par des noms, mêmes tronqués (comme c'est le cas du comte de P*** et du baron de T***), l'absence de dates précises et l'immatérialité de l'espace obéissent à une volonté d'abstraction qui donne au récit une portée générale. À un deuxième niveau, ce qu'on nous dit des cours allemandes et de la Pologne renvoie à un référent, la société européenne à la fin du XVIIIe siècle. Avec quelque chose de nostalgique en 1816, dans sa négation des réalités postrévolutionnaires, elle semble correspondre au sentiment de ces « vies bouleversées » dont parlait Pourtalès, émigrées dans l'espace et dans le temps. Enfin, la description des pratiques sociales et politiques a pu être perçue par le lecteur de 1816 comme une métaphore de la société française postrévolutionnaire, Ellénore apparaissant comme une figure de l'émigrée, ou l'arbitraire patriarcal qui règne dans la ville du père d'Adolphe comme une image du despotisme napoléonien. À travers des éléments épars du texte et jouant sur ces trois niveaux se dessine un discours sur la société, la politique et la religion.

L'INDIVIDU FACE À L'OPINION ET À LA SOCIÉTÉ

Par son *incipit*, *Adolphe* se situe dans la veine du roman d'apprentissage, concentré sur le moment de l'entrée dans la vie sociale. À la fin de ses études, le personnage doit concrétiser socialement sa formation, schéma romanesque récurrent dans le roman du XIXe siècle [1]. Ce choix d'une carrière, la volonté même

1. Ainsi, Frédéric Moreau, au début de *L'Éducation sentimentale*, « nouvellement reçu bachelier, s'en retournait à Nogent-sur-Seine, où il devait languir pendant deux mois avant d'aller faire son droit ». Même s'il a quatre ans de moins et se situe à un moment plus précoce de sa formation, Adolphe est aussi saisi entre la fin d'un cycle et le début d'un autre. Situation similaire pour le héros de *Lucien Leuwen*, roman

de la choisir est le problème d'Adolphe, lié à la question du lien affectif. Pour Constant, l'affrontement de l'individu à la société est un élément fondamental dont la littérature du XIXe siècle doit faire son thème majeur. Prolongeant les propositions de Diderot sur le drame, il suggère d'en faire un ressort central de la tragédie :

> Il est évident que l'action de la société est ce qu'il y a de plus important dans la vie humaine. C'est de là que tout part ; c'est là que tout aboutit ; c'est à ce préalable inconsenti, inconnu, qu'il faut se soumettre sous peine d'être brisé [1].

Le poids de la société est équivalent à ses yeux à la fatalité des Anciens. Cet affrontement joue évidemment un rôle éminent dans la relation amoureuse, Adolphe et Ellénore étant confrontés à la société, incarnée par l'opinion publique – véritable personnage dans ce récit – ou par des figures comme le baron de T***.

Dans le dilemme qui se pose à Adolphe – Ellénore ou la carrière –, la question revient en outre dans une perspective un peu différente. L'appareil social se montre acquis à la cause du héros : son père voit en lui des talents, se les exagérant même, et le baron de T*** se fait le relais de cette opinion, allant jusqu'à lui proposer quelques travaux. Sa carrière est toute tracée puisque son père souhaite qu'il le remplace un jour. L'intrigue, et le narrateur souligne ce point, pose Ellénore comme un « obstacle » dans une alternative schématique. Or, on rappellera qu'Ellénore a aidé, par son « activité », le comte de P*** à recouvrer sa fortune et sa position, et qu'elle-même a su imposer le respect à la société. De plus, au cours de l'intrigue, elle redevient riche et a des

---

qui s'ouvre au moment où, chassé de l'École polytechnique, il entre dans la carrière militaire. Pour ce qui est des contemporains de Constant, Chateaubriand décrit dans *René* le moment de « l'entrée dans les voies trompeuses de la vie », et dans *Les Aventures du dernier Abencérage* la manière dont le jeune Maure Aben-Hamet, à vingt-deux ans, l'âge d'Adolphe, affronte le monde pour tenter d'affirmer son être social. 1. *Réflexions sur la tragédie* (1829), dans *Œuvres*, *op. cit.*, p. 944.

« vassaux ». Certes, elle est discréditée dans la société, mais elle a montré, par ses qualités personnelles et sa fortune, qu'elle a les moyens d'aider Adolphe dans sa carrière, tout comme Dinah seconde Lousteau dans sa carrière de journaliste dans *La Muse du département* de Balzac, roman inspiré d'*Adolphe* [1]. À ce que nous va répétant le narrateur, citant au passage d'autres personnages – Ellénore est l'obstacle à une carrière –, l'intrigue apporte donc une nuance, dont Adolphe a conscience : « Je suis convaincu que, si j'avais eu de l'amour pour Ellénore, j'aurais ramené l'opinion sur elle et sur moi. Telle est la force d'un sentiment vrai, que, lorsqu'il parle, les interprétations fausses et les convenances factices se taisent [2]. » L'obstacle n'est pas seulement dans une alliance décriée par la société, mais aussi dans le caractère et dans les circonstances.

La caractérisation d'Adolphe – « distrait, inattentif, ennuyé [3] » – n'est pas seulement morale, elle désigne une *distraction* de la société, dans une posture qui reprend celle de René ou celle d'Oberman. Oppressé par son « inaction », Adolphe incarne l'« inactivité », au sens existentiel que Constant avait formulé en 1796 dans *De la force du gouvernement actuel* :

> Le repos est un bien, mais l'inactivité est un mal. [...] J'aurais observé que cette inactivité est la source d'un de nos plus grands malheurs, d'un malheur qui n'est pas seulement politique, mais individuel, de ce sentiment aride et dévorant, qui consume notre existence, qui décolore tous les objets, et qui, semblable aux vents brûlants de l'Afrique, dessèche et flétrit tout ce qu'il rencontre [4].

Montrant la permanence du caractère, le correspondant écrit à l'éditeur qu'après la mort d'Ellénore, Adolphe « n'a fait aucun usage d'une liberté reconquise au prix de tant de douleurs et de tant de larmes ; et qu'en se rendant bien digne de blâme, il s'est rendu aussi digne

---

1. Voir Dossier. **2.** Chapitre V, p. 92. **3.** Chapitre II, p. 64. **4.** *De la force du gouvernement actuel* (1796), chapitre VII : « Des avantages du gouvernement républicain », dans *Œuvres complètes*, *op. cit.*, t. I, p. 367.

de pitié[1] ». Dans l'analyse qu'il proposait en 1796, Constant ne s'en tenait pas là ; il articulait le caractère aux circonstances, la source de cette inactivité mortifère étant à chercher dans la « privation de but, d'intérêts et d'espérances » qu'engendrent les monarchies : « L'ambition dans les monarchies, lors même qu'elle veut s'élever au bien, est toujours refoulée vers elle-même[2]. » Or, ce n'est pas le cas d'Adolphe à qui le baron de T*** dit que toutes les carrières lui sont ouvertes : « les lettres, les armes, l'administration[3] ». Pourtant, des lettres et des armes il ne sera pas question. C'est que dès les premières lignes, le sort d'Adolphe est décidé : « Il [son père] voulait ensuite m'appeler auprès de lui, me faire entrer dans le département dont la direction lui était confiée, et me préparer à le remplacer un jour[4]. » Soumise à des conditions, la carrière est limitée à l'administration dans une cour. Elle ne peut satisfaire Adolphe, personnage sans doute faible, impuissant, mais dont l'originalité et l'indépendance d'esprit sont relevées dès le premier chapitre. Or, « pour les âmes indépendantes, il n'y a que deux états dans la vie, les affaires publiques dans une grande place, ou la solitude », écrit Constant dans ses *Journaux*[5]. Force est de constater que les petites cours allemandes décrites dans *Adolphe* n'ont rien d'« une grande place ».

Constant remarque que la monarchie place l'ambition dans l'arbitraire et dans la bassesse de la vie de cour. Rien de tel, dira-t-on, dans la petite société de T*** dirigée par un prince qui « gouvernait avec douceur un pays de peu d'étendue, protégeait les hommes éclairés qui venaient s'y fixer, laissait à toutes les opinions une liberté

---

1. « Lettre à l'éditeur », p. 142. **2.** *De la force du gouvernement actuel*, dans *Œuvres complètes*, *op. cit.*, p. 367-368. Pour une lecture politique d'Adolphe, voir Michèle Vialet, « *Adolphe* : échec en amour ou temporisation politique », *Annales Benjamin Constant*, 5, 1985, p. 53-73. **3.** Chapitre VII, p. 110. **4.** Chapitre I, p. 57. **5.** *Journaux intimes*, 29 juin 1804, *op. cit.*, p. 327. Sur ce passage du journal et plus largement sur cette question, voir François Rosset, « Écriture du politique et écriture du moi chez Benjamin Constant », dans *Écrire à Coppet*, Slatkine, 2002, p. 165-191.

parfaite [1] ». Ce gouvernement a son revers, car ce prince « borné par l'ancien usage à la société de ses courtisans, ne rassemblait par là même autour de lui que des hommes en grande partie insignifiants ou médiocres [2] ». Dans cette société qui conserve un « ancien usage », le pouvoir patriarcal pèse de tout son poids, sous une forme de douceur éclairée. Il s'incarne dans la prégnance de la transmission héréditaire des charges, comme le montre le destin d'Adolphe, tracé dès l'orée du récit. Il est arbitraire, ensuite : dans sa ville, le père peut obtenir le bannissement d'une femme, sans procès, par les moyens policiers au besoin, comme on en menace Ellénore, qui n'a commis aucun crime, à la fin du chapitre V. Enfin, cette société est travaillée par un conflit de générations, que manifeste la récurrence des termes « jeune », « jeunesse », et dont témoigne cette notation, décrivant les réactions de la société à la conquête d'Ellénore par Adolphe : « Quelques amis de mon père m'adressèrent des représentations sérieuses [...]. Les jeunes gens, au contraire, se montrèrent enchantés de l'adresse avec laquelle j'avais supplanté le comte [3]. » La rivalité amoureuse couvrirait-elle un conflit politique de générations, thème qu'on retrouvera dans un roman comme *Le Rouge et le Noir* ? Rien dans *Adolphe* ne le dit explicitement, mais on notera la différence de jugement porté sur la liaison avec Ellénore : le comte de P***, homme mûr, réussit à l'imposer à la société, contrairement à Adolphe, qui est au début de sa carrière. En ce sens, Ellénore, qui appartient à la haute et riche société polonaise, comme le montre son statut lorsqu'elle revient dans son pays, est un personnage qui incarne d'une part le désir d'échapper à une société fermée pour un ailleurs, d'autre part la puissance de la norme matrimoniale imposée par la gérontocratie au pouvoir. Les propos du baron de T*** – « mais souvenez-vous bien qu'il y a entre vous et tous les genres de succès un obstacle insurmontable, et que cet

---

1. Chapitre I, p. 61. **2.** *Ibid.* **3.** Chapitre V, p. 92.

obstacle est Ellénore[1] » – ne relèvent pas simplement du constat, de la description, mais bien du rappel à l'ordre, de la prescription. Si Adolphe choisit Ellénore et reste avec elle, c'est aussi parce que les perspectives offertes par la société d'une petite cour allemande ne sont pas suffisamment désirables : en voyant le bonheur d'un ami amoureux, Adolphe se prend à aimer ; rien de tel lorsqu'il en voit réussir dans la carrière. De ce point de vue, il est significatif que le récit ne présente aucune autre figure de femme, libre, jeune, qui associerait désir amoureux et ambition sociale et ferait désirer la réussite. Rester avec Ellénore, c'est aussi une manière de refuser le moule imposé par le père et l'ordre social, dans une forme de révolte, non assumée comme telle, contre le pouvoir patriarcal, héréditaire et arbitraire.

Au moment où il lui faut « commencer, pour la vie peut-être, ce que tant de gens [...] appellent un état », Oberman constate : « je n'en trouvai point qui ne fût étranger à ma nature, ou contraire à ma pensée[2] ». Le récit de Constant n'est pas aussi explicite, et diffère de celui de Senancour, mais le rejoint sur cet écart entre le désir individuel et l'offre sociale : si Adolphe reste dans l'inaction, c'est aussi que la société, figée dans sa médiocrité et dans une hiérarchie autoritaire, n'offre pas de vrai choix à un jeune homme talentueux que la reprise d'une charge administrative. La comparaison qu'il utilise pour exprimer son inaction est significative à cet égard : « je croyais entendre admirer les bras vigoureux d'un athlète chargé de fers au fond d'un cachot[3] », écrit-il lorsqu'on loue ses talents inemployés. Le « cachot » désigne son lien amoureux, mais n'est-il pas aussi la métaphore d'un pouvoir qui ne laisse aucun espace aux talents ? Et lorsque Adolphe constate que certains de ses camarades sont arrivés à des positions, il ne faut pas oublier que cette ambition est celle des monarchies, « refoulée vers elle-même », dans une société dominée par des hommes

---

1. Chapitre VII, p. 110. **2.** Senancour, *Oberman*, lettre I. **3.** Chapitre VII, p. 112.

« insignifiants ou médiocres ». L'analyse a une portée générale et vise toute société : « L'étonnement de la première jeunesse, à l'aspect d'une société si factice et si travaillée, annonce plutôt un cœur naturel qu'un esprit méchant. Cette société d'ailleurs n'a rien à en craindre. Elle pèse tellement sur nous, son influence sourde est tellement puissante, qu'elle ne tarde pas à nous façonner d'après le moule universel [1]. » Mais on peut aussi songer à l'Empire qui a brisé les ambitions politiques lorsqu'elles ne se mettaient pas au service du pouvoir, dans une vision qui s'oppose à l'image que s'en fait Julien Sorel, pour qui l'Empire était au contraire le paradis des jeunes gens ambitieux. L'histoire d'Adolphe, c'est aussi celle de l'impossible révolte d'un personnage broyé par le moule social.

ELLÉNORE, OU LE SEXE DE L'AMOUR

De son côté Ellénore affronte un autre aspect du « préalable inconsenti » de la société, à savoir que son appréhension du lien amoureux dépend étroitement de sa condition de femme. Dans *Adolphe*, il est clair que le sentiment amoureux a un sexe, même si le texte ne le dit pas explicitement. Cette idée que Stendhal a relevée dans le chapitre de *De l'amour* intitulé « Entre la naissance de l'amour dans les deux sexes », Constant l'a développée dans la *Lettre sur Julie*, hommage rendu à son amie Julie Talma, épouse du célèbre acteur, morte le 5 mai 1805 :

> Presque toutes les femmes parlent bien sur l'amour : c'est la grande affaire de leur vie. [...] Ce n'est qu'à l'époque de ce qu'on a nommé leur défaite, que les femmes commencent à avoir un but précis, celui de conserver l'amant pour lequel elles ont fait ce qui doit leur sembler un grand sacrifice. Les hommes, au contraire, à cette même époque, cessent d'avoir un but ; ce qui en était un pour eux leur devient un lien. Il n'est pas étonnant que deux individus placés dans des relations aussi inégales arrivent rapidement à ne plus s'entendre ;

1. Chapitre I, p. 63.

> c'est pour cela que le mariage est une chose admirable, parce qu'au lieu d'un but qui n'existe plus, il introduit des intérêts communs qui existent toujours [1].

« But » et « lien », ce sont les termes mêmes dont use Adolphe, et cette citation permet d'éclairer la position d'Ellénore, plus précisément la confrontation entre son attitude sacrificielle et celle d'Adolphe, qui voit dans cette liaison une entrave à l'activité sociale : « J'étais forcé de précipiter toutes mes démarches, de rompre avec la plupart de mes relations. Je ne savais que répondre à mes connaissances lorsqu'on me proposait quelque partie que, dans une situation naturelle, je n'aurais point eu de motif pour refuser [2]. » Le récit offre ainsi la tragédie d'une mésentente programmée par l'incompatibilité des attentes que chaque sexe se fait. Les caractères sont bien inscrits dans des circonstances sociales, illustrant diverses configurations : le comte de P*** qui s'est imposé à la société perd Ellénore par le caprice des désirs ; alors qu'elle a su y échapper avant de rencontrer Adolphe, Ellénore est à nouveau soumise aux lois sociales ; femme, elle a une conception différente du lien amoureux, notamment parce qu'elle est plus rigoureusement asservie aux normes de la société.

UNE RÉFLEXION SUR LA RELIGION

Par rapport à la place qu'elle occupe dans la vie intellectuelle de Constant depuis sa jeunesse et à celle qui lui est assignée dans des récits comme *Werther* ou *René*, on peut être surpris du rôle congru joué par la religion dans *Adolphe*. Il est cependant plus important qu'il n'apparaît à première lecture, en raison de la prévalence que donne Constant au sentiment sur le rite. La religion ne se manifeste pas dans les pratiques des personnages, mais elle est intégrée à leur sentiment : la métaphore du « sanctuaire intime de [l]a pensée » (chapitres VI et VIII), pour dési-

1. *Œuvres*, *op. cit.*, p. 844-845. 2. Chapitre IV, p. 84.

gner les « replis d'une relation intime », fait du cœur de l'homme non seulement un asile inviolable, mais un espace sacré. C'est là que peut se développer le sentiment religieux, sous la forme de l'amour : « Mon amour tenait du culte[1] », dit Adolphe juste avant qu'Ellénore se donne ; et si sa passion est brève, elle n'en est pas moins profonde ; son « charme » explique le mystère de la vie. Pastiche ? Non, si l'on se réfère à d'autres textes où Constant développe l'analogie entre l'amour et le sentiment religieux. Ainsi, dans les réflexions sur *Wallstein*, commentant la figure de Thécla dans le drame de Schiller comme exemplaire du traitement de l'amour dans la poésie allemande, il le décrit comme « un rayon de la lumière divine qui vient échauffer et purifier le cœur[2] ». Dans *De la religion*, Constant rattache l'amour au sentiment religieux, en ce que, passions mystérieuses, ils échappent à une explication satisfaisante par la raison[3].

De ce point de vue, *Adolphe* est l'illustration de la force et du mystère du sentiment amoureux, en particulier chez Ellénore, personnage du sacrifice. Bien plus, dans une vision tragique, les intermittences d'Adolphe révèlent ce qui distingue l'amour du sentiment religieux, à savoir qu'il est « un penchant passager[4] ». À la fin du récit, les deux amants font une dernière promenade, occasion de l'une des rares descriptions de paysage : « C'était une de ces journées d'hiver où le soleil semble éclairer tristement la campagne grisâtre, comme s'il regardait en pitié la terre qu'il a cessé de réchauffer[5]. » La métaphore de l'hiver, qui désigne le désamour et le lie à l'approche de la mort, fait écho à celle par laquelle est dépeint l'amour de Thécla dans le commentaire de *Wallenstein*. Contrastant avec la représentation de l'amour dans la tragédie française, celle qu'en donne le drame allemand a quelque chose de religieux et de sacré ; Constant le dépeint par

---

1. Chapitre III, p. 83. **2.** « De la guerre de Trente Ans, de la tragédie de *Wallstein*, par Schiller, et du théâtre allemand », *op. cit.*, p. 912. **3.** *De la religion*, dans *Œuvres*, *op. cit.*, p. 1414. **4.** *Ibid.*, note de Constant. **5.** Chapitre X, p. 134.

cette image : « Mais, lorsque l'amour, au contraire, est, comme dans la poésie allemande, un rayon de la lumière divine qui vient échauffer et purifier le cœur, il a tout à la fois quelque chose de plus calme et de plus fort [1]. » Comme la Phèdre de Racine est, selon la formule de Voltaire, « une juste à qui la grâce a manqué », Adolphe est un être que le « rayon de la lumière divine » a cessé de réchauffer. Cette image offre une vision tragique de l'homme, jouet d'une divinité qui insuffle la passion et la retire dans le plus parfait arbitraire.

Dans *De la religion* comme dans les *Principes de politique*, Constant insiste sur le fait que le sentiment religieux est inhérent à l'homme, même s'il est impossible à définir : c'est « une partie vague et profonde de nos sensations morales », impression qui peut surgir « dans le silence de la nuit [...], dans la solitude des campagnes » ou dans « la méditation sur la mort [2] ». Le « vague » et la poétique qu'il engage relèvent donc bien d'une présence du sentiment religieux. La confrontation avec la mort qui intervient dès le premier chapitre, dans une formule emphatique (« et après avoir tant causé de la mort avec elle, j'avais vu la mort la frapper à mes yeux [3] ») vaut, sur le plan narratif, comme un effet d'annonce de ce qui arrivera au dernier chapitre, mais c'est aussi un événement qui emplit le personnage « d'un sentiment d'incertitude sur la destinée, et d'une rêverie vague qui ne [l]'abandonnait pas [4] ». Ce qui n'est encore qu'indécis surgira plus nettement au fil du récit. Ainsi, la promenade nocturne du chapitre VII, dans la campagne déserte et les « ombres de la nuit », au cours de laquelle Adolphe se détache peu à peu du contingent pour s'ouvrir au sentiment de l'immensité et à une méditation sur la mort, dépeint une expérience du sentiment religieux. Ni le terme de religion ni le nom de Dieu ne sont prononcés. C'est qu'en représentant ce sentiment, Constant réfute

---

1. « De la guerre de Trente Ans, de la tragédie de *Wallstein*, par Schiller, et du théâtre allemand », *op. cit.*, p. 912. **2.** Dans *Œuvres*, *op. cit.*, p. 1220 et 1413. **3.** Chapitre I, p. 60. **4.** Chapitre I, p. 61.

les thèses du *Génie du christianisme*. Paru en 1802, cet essai avait eu un immense succès et marqué une nouvelle forme de sensibilité religieuse. Dans un passage, « la nuit chez les Sauvages d'Amérique », Chateaubriand célébrait la présence de Dieu dans la nature, vision qui n'avait convaincu ni Germaine de Staël ni Benjamin Constant. Contredisant l'idée d'une nature preuve de l'existence de Dieu, la « nuit de délire » d'Adolphe démontre la présence non de Dieu comme extériorité, mais du « sentiment religieux » en tout être. Les cérémonies qui entourent la mort d'Ellénore confirment la force du sentiment intérieur contre les rites extérieurs : Adolphe les ressent comme « convenues et de pure forme [1] » et accomplies machinalement. C'est une manière de démarquer les derniers instants d'Ellénore de la mort d'Atala qui constituait une célébration de la beauté des rites catholiques. Dès lors, quand Adolphe s'étonne que l'homme n'invoque pas toutes les religions [2], c'est aussi une manière de protester contre la prétention à l'exclusivité du catholicisme chez Chateaubriand.

Adolphe n'est donc pas simplement un roman d'analyse psychologique sur l'amour et sa décomposition, c'est aussi et d'abord un récit à travers lequel Constant pense le sentiment amoureux, dans toutes ses dimensions : au niveau d'une psychologie immanente du désir, désir qui se désagrège lorsqu'il a atteint son but ; au niveau d'une anthropologie appréhendant le rapport de l'individu à la société qui passe par la médiation d'une langue, outil d'analyse et de communication défaillant ; au niveau politique, le situant dans sa relation au pouvoir et à l'ambition ; au niveau de la religion enfin, considérée dans une approche plus générale du sentiment religieux. C'est par là que ce roman s'est imposé à son époque, et s'impose encore comme un livre de notre temps.

Jean-Marie ROULIN.

1. Chapitre X, p. 137. **2.** *Ibid.*

NOTE SUR L'ÉTABLISSEMENT DU TEXTE

Pour *Adolphe*, nous disposons de deux manuscrits et de cinq éditions parues du vivant de l'auteur [1].

Manuscrits

M1 *Adolphe. Anecdote trouvée dans les papiers d'un inconnu et publiée par Benjamin Constant de Rebecque* (fonds Constant de la bibliothèque cantonale et universitaire de Lausanne). Le manuscrit de Lausanne est pour partie autographe, pour partie de la main d'Audouin, le copiste de Constant à ce moment-là. Sa datation, incertaine, est située entre le 31 décembre 1806, date où le *Journal* mentionne que Constant a travaillé « à son roman », et 1810.

M2 *Adolphe* (Bibliothèque nationale de France, Paris). Le manuscrit de Paris est de la main d'Audouin et comporte des corrections de Constant, vraisemblablement apportées en 1810.

Éditions

L *Adolphe, anecdote trouvée dans les papiers d'un inconnu, et publiée par M. Benjamin de Constant*, Londres : chez Colburn libraire, Paris : chez Treutell et Würtz, 1816.

P *Adolphe, anecdote trouvée dans les papiers d'un inconnu, et publiée par M. Benjamin de Constant*, Londres : chez H. Colburn ; Paris : chez Treutell et Würtz, 1816.

L2 *Adolphe, anecdote trouvée dans les papiers d'un inconnu, et publiée par M. Benjamin de Constant*, seconde édition,

1. Nous reprenons les abréviations d'usage dans les éditions d'*Adolphe*.

revue, corrigée et augmentée, Londres : chez Colburn Libraire, Paris : chez Treutell et Würtz, 1816.

C *Adolphe, anecdote trouvée dans les papiers d'un inconnu, et publiée par M. Benjamin Constant*, troisième édition, Paris, Brissot-Thivars Libraire, 1824.

D *Adolphe, anecdote trouvée dans les papiers d'un inconnu*, quatrième édition, Paris, chez Dauthereau Libraire, 1828.

L et *P* contiennent la « Lettre à l'éditeur » et la « Réponse », qui ne figurent pas dans les manuscrits que nous possédons. Elles ne se distinguent que par quelques petites fautes d'impression.

L2 a été fabriquée à partir de cahiers de L. C'est dans cette édition qu'est apparue la « Préface de la seconde édition, ou essai sur le caractère et le résultat moral de l'ouvrage ».

C substitue à la « Préface de la seconde édition » la « Préface de la troisième édition ». De plus, dans le chapitre VIII, sont rétablis six paragraphes qui figuraient dans le manuscrit, mais que Constant avait remplacés par quelques lignes dans les éditions de 1816.

D est conforme à *C*, exception faite de quelques coquilles typographiques.

Comme les précédents éditeurs et vu qu'elle présente la version la plus complète, nous avons retenu l'édition de 1824 comme texte de base. Nous avons signalé en note un choix de variantes. Pour un relevé exhaustif, nous renvoyons le lecteur à l'édition procurée par Françoise Tilkin dans les *Œuvres complètes* de Benjamin Constant (Tübingen, Niemeyer, 1995, tome III, 1).

Dans les manuscrits comme dans la version imprimée, Benjamin Constant fait un usage parcimonieux des guillemets ; dans les éditions modernes, ils ont souvent été rétablis, ce qui ne va pas sans soulever des difficultés. Ainsi Paul Delbouille en met dans les dialogues, mais non dans les monologues intérieurs (Je veux être aimé, me disais-je). Or, la question de la parole est une question centrale dans *Adolphe.* Aussi avons-nous choisi de respecter strictement l'usage des guillemets de l'édition de 1824, et de ne pas les rétablir là où l'usage moderne semble les demander. Ce choix efface dans le discours d'Adolphe les relais de parole, et leur substitue une continuité discursive où se mêlent la voix du narrateur, celle du protagoniste et celles des autres personnages. À quelques endroits seulement (lettres du père aux chapitres VI et VII, et souvenir des conseils du baron de T*** au chapitre VII), nous trouvons des guillemets, ce qui donne un relief singulier à ces passages qui relèvent de la « parole du père ».

À de rares endroits, nous avons corrigé l'orthographe, pour le rendre conforme à l'usage moderne (en rétablissant, par exemple, « longtemps » au lieu de « long-temps »).

Adolphe

Anecdote trouvée dans les papiers d'un inconnu et publiée par M. Benjamin de Constant

PRÉFACE DE LA TROISIÈME ÉDITION

Ce n'est pas sans quelque hésitation que j'ai consenti à la réimpression de ce petit ouvrage, publié il y a dix ans [1]. Sans la presque certitude qu'on voulait en faire une contrefaçon en Belgique, et que cette contrefaçon, comme la plupart de celles que répandent en Allemagne et qu'introduisent en France les contrefacteurs belges, serait grossie d'additions et d'interpolations auxquelles je n'aurais point eu de part, je ne me serais jamais occupé de cette anecdote, écrite dans l'unique pensée de convaincre deux ou trois amis réunis à la campagne de la possibilité de donner une sorte d'intérêt à un roman dont les personnages se réduiraient à deux, et dont la situation serait toujours la même [2].

Une fois occupé de ce travail, j'ai voulu développer quelques autres idées qui me sont survenues et ne m'ont pas semblé sans une certaine utilité. J'ai voulu peindre le mal que font éprouver même aux cœurs arides les souffrances qu'ils causent, et cette illusion qui les porte à se croire plus légers ou plus corrompus qu'ils ne le sont. À distance, l'image de la douleur qu'on impose paraît vague et confuse, telle qu'un nuage facile à traverser ; on

---

1. Huit ans, en réalité. **2.** Tentative qui se situe dans le même esprit que celui dans lequel Racine conçoit *Bérénice* (1671), ainsi qu'il l'exprime dans sa préface : « Il y avait longtemps que je voulais essayer si je pourrais faire une tragédie avec cette simplicité d'action qui a été si fort du goût des Anciens. [...] toute l'invention consiste à faire quelque chose de rien. »

est encouragé par l'approbation d'une société toute factice, qui supplée aux principes par les règles et aux émotions par les convenances, et qui hait le scandale comme importun, non comme immoral, car elle accueille assez bien le vice quand le scandale ne s'y trouve pas : on pense que des liens formés sans réflexion se briseront sans peine. Mais quand on voit l'angoisse qui résulte de ces liens brisés, ce douloureux étonnement d'une âme trompée, cette défiance qui succède à une confiance si complète, et qui, forcée de se diriger contre l'être à part du reste du monde, s'étend à ce monde tout entier, cette estime refoulée sur elle-même et qui ne sait plus où se replacer, on sent alors qu'il y a quelque chose de sacré dans le cœur qui souffre, parce qu'il aime ; on découvre combien sont profondes les racines de l'affection qu'on croyait inspirer sans la partager : et si l'on surmonte ce qu'on appelle faiblesse, c'est en détruisant en soi-même tout ce qu'on a de généreux, en déchirant tout ce qu'on a de fidèle, en sacrifiant tout ce qu'on a de noble et de bon. On se relève de cette victoire, à laquelle les indifférents et les amis applaudissent, ayant frappé de mort une portion de son âme, bravé la sympathie, abusé de la faiblesse, outragé la morale en la prenant pour prétexte de la dureté ; et l'on survit à sa meilleure nature, honteux ou perverti par ce triste succès.

Tel a été le tableau que j'ai voulu tracer dans *Adolphe*. Je ne sais si j'ai réussi ; ce qui me ferait croire au moins à un certain mérite de vérité, c'est que presque tous ceux de mes lecteurs que j'ai rencontrés m'ont parlé d'eux-mêmes comme ayant été dans la position de mon héros. Il est vrai qu'à travers les regrets qu'ils montraient de toutes les douleurs qu'ils avaient causées, perçait je ne sais quelle satisfaction de fatuité ; ils aimaient à se peindre, comme ayant, de même qu'Adolphe, été poursuivis par les opiniâtres affections qu'ils avaient inspirées, et victimes de l'amour immense qu'on avait conçu pour eux. Je crois que pour la plupart ils se calomniaient, et que si leur vanité les eût laissés tranquilles, leur conscience eût pu rester en repos.

Quoi qu'il en soit, tout ce qui concerne *Adolphe* m'est devenu fort indifférent ; je n'attache aucun prix à ce roman, et je répète que ma seule intention, en le laissant reparaître devant un public qui l'a probablement oublié, si tant est que jamais il l'ait connu, a été de déclarer que toute édition qui contiendrait autre chose que ce qui est renfermé dans celle-ci ne viendrait pas de moi, et que je n'en serais pas responsable.

AVIS DE L'ÉDITEUR

Je parcourais l'Italie, il y a bien des années. Je fus arrêté dans une auberge de Cerenza [1], petit village de la Calabre, par un débordement du Neto [2] ; il y avait dans la même auberge un étranger qui se trouvait forcé d'y séjourner pour la même cause. Il était fort silencieux et paraissait triste ; il ne témoignait aucune impatience. Je me plaignais quelquefois à lui, comme au seul homme à qui je pusse parler dans ce lieu, du retard que notre marche éprouvait. Il m'est égal, me répondait-il, d'être ici ou ailleurs. Notre hôte, qui avait causé avec un domestique napolitain qui servait cet étranger sans savoir son nom, me dit qu'il ne voyageait point par curiosité, car il ne visitait ni les ruines, ni les sites, ni les monuments, ni les hommes [3]. Il lisait beaucoup, mais jamais d'une

---

1. Dans cet « Avis » comme dans le récit d'Adolphe lui-même, les noms géographiques qui ne sont pas réduits à une initiale désignent des endroits réels. Avec de petites variantes graphiques, comme ici : Cerenzia.
2. Ce fleuve de Calabre a sa source dans la Sila et se jette dans la mer Ionienne. 3. L'inconnu se définit par opposition à la figure du voyageur en Italie au début du XIXe siècle. D'abord par son absence de curiosité qui rappelle celle du narrateur de *Ma vie* : « Car j'ai une telle paresse et une si grande absence de curiosité que je n'ai jamais de moi-même été voir ni un monument, ni une contrée, ni un homme célèbre » (dans *Ma vie*, *Amélie et Germaine*, *Cécile*, éd. J.-M. Roulin, GF-Flammarion, 2011, p. 84. Dorénavant, c'est à cette édition que nous renvoyons lorsque nous citons l'une de ces trois œuvres). Ensuite par le lieu, la Calabre, qui se situe hors des parcours obligés, *Rome, Naples et Florence*, pour reprendre le titre que Stendhal donna à son récit de voyage en Italie en 1817. Appelé significativement « l'étranger », le personnage est défini comme un voyageur excentrique. Cette extranéité géographique est une métaphore de sa position dans la société : contrairement

manière suivie : il se promenait le soir, toujours seul, et souvent il passait des journées entières assis, immobile, la tête appuyée sur les deux mains.

Au moment où les communications, étant rétablies, nous auraient permis de partir, cet étranger tomba très malade. L'humanité me fit un devoir de prolonger mon séjour auprès de lui pour le soigner. Il n'y avait à Cerenza qu'un chirurgien de village ; je voulais envoyer à Cozenze [1] chercher des secours plus efficaces. Ce n'est pas la peine, me dit l'étranger, l'homme que voilà est précisément ce qu'il me faut. Il avait raison, peut-être plus qu'il ne le pensait, car cet homme le guérit. Je ne vous croyais pas si habile, lui dit-il avec une sorte d'humeur en le congédiant : puis il me remercia de mes soins, et il partit.

Plusieurs mois après, je reçus à Naples une lettre de l'hôte de Cerenza, avec une cassette trouvée sur la route qui conduit à Strongoli [2], route que l'étranger et moi nous avions suivie, mais séparément. L'aubergiste qui me l'envoyait se croyait sûr qu'elle appartenait à l'un de nous deux. Elle renfermait beaucoup de lettres fort anciennes, sans adresses, ou dont les adresses et les signatures étaient effacées, un portrait de femme, et un cahier contenant l'anecdote ou l'histoire qu'on va lire. L'étranger, propriétaire de ces effets, ne m'avait laissé, en me quittant, aucun moyen de lui écrire ; je les conservais depuis dix ans, incertain de l'usage que je devais en faire, lorsqu'en ayant parlé par hasard à quelques personnes dans une ville d'Allemagne, l'une d'entre elles me demanda avec instance de lui confier le manuscrit dont j'étais dépositaire. Au bout de huit jours, ce manuscrit me fut renvoyé avec une lettre que j'ai placée à la fin de cette histoire, parce qu'elle serait inintelligible si on la lisait avant de connaître l'histoire elle-même.

à Ellénore dont le tombeau est évoqué dans la « Lettre à l'éditeur », de lui ne subsiste aucune trace que ce manuscrit, récit même de son étrangeté, comme l'a montré Elena Del Panta (« *Adolphe*, l'ultima traccia », *Rivista di letterature moderne e comparate*, LIII, 2, 2000, p. 167-175).

1. Consenza. 2. Ville qui se trouve dans la province de Catanzaro.

Cette lettre m'a décidé à la publication actuelle, en me donnant la certitude qu'elle ne peut offenser ni compromettre personne. Je n'ai pas changé un mot à l'original : la suppression [1] même des noms propres ne vient pas de moi : ils n'étaient désignés que comme ils sont encore, par des lettres initiales [2].

---

1. Les manuscrits donnent une version légèrement différente ; le passage qui va de « L'étranger » à « à l'original » y est remplacé par : « qu'on va lire. J'y trouvai de plus dans un double fond très difficile à apercevoir des diamants d'un assez grand prix. Je fis insérer dans les papiers publics un avis détaillé. Trois ans se sont écoulés sans que j'aie reçu aucune nouvelle. Je publie maintenant l'anecdote seule, parce que cette publication me semble un dernier moyen de découvrir le propriétaire des effets qui sont en mon pouvoir. J'ignore si cette anecdote est vraie ou fausse, si l'étranger que j'ai rencontré en est l'auteur ou le héros. Je n'y ai pas changé un mot. La suppression » (partiellement en marge dans *M1* ; inséré, avec quelques corrections dans *M2*). On notera que dans une première rédaction Constant avait porté le temps entre la remise du manuscrit et sa publication à vingt-cinq ans. **2.** Le masquage des noms propres est une pratique courante de la littérature de l'époque. En voilant le nom, on laisse à penser que le texte parle d'un personnage réel, qu'il a un référent ; devenue un *topos*, cette pratique fonctionne, à un second niveau, comme un indice de fiction. Dans *Adolphe*, elle prend un sens spécifique : face à Adolphe et Ellénore se dressent des personnages sans nom, comme incarnation de la société et de son idéologie. Ainsi, le discours social n'a pas de nom, pas de visage : il est un « on », d'autant plus puissant qu'il est invisible.

CHAPITRE I

Je venais de finir à vingt-deux ans mes études à l'université de Gottingue. – L'intention de mon père, ministre de l'électeur de ****, était que je parcourusse les pays les plus remarquables de l'Europe. Il voulait ensuite m'appeler auprès de lui, me faire entrer dans le département dont la direction lui était confiée, et me préparer à le remplacer un jour. J'avais obtenu, par un travail assez opiniâtre, au milieu d'une vie très dissipée [1], des succès qui m'avaient distingué de mes compagnons d'étude, et qui avaient fait concevoir à mon père sur moi des espérances probablement fort exagérées.

Ces espérances [2] l'avaient rendu très indulgent pour beaucoup de fautes que j'avais commises. Il ne m'avait jamais laissé souffrir des suites de ces fautes. Il avait toujours accordé, quelquefois prévenu mes demandes à cet égard.

Malheureusement sa conduite était plutôt noble et généreuse que tendre. J'étais pénétré de tous ses droits à

1. Voir *Ma vie*, où Constant raconte les détails de cette « vie très dissipée » qu'il attribue ici à son personnage. 2. En marge de *M1*, Constant a porté une correction, finalement non retenue : « sur moi de grandes espérances. Ces espérances ». La correspondance de Constant fait place à un sentiment similaire. Peu après la mort de son père, il écrit par exemple à Rosalie : « Je pense à l'intérêt que mon père mettait autrefois à ma réputation littéraire, à tous les secours qu'il m'a donnés dans ce but, aux espérances que jusqu'ici j'ai trompées, et qu'il ne verra, quoi qu'il arrive désormais, jamais se réaliser [...]. Je pense que c'est à lui que je dois ce goût pour l'étude qui m'a si souvent consolé de tout » (Gottingue, 27 février 1812, dans Benjamin et Rosalie de Constant, *Correspondance. 1786-1830*, éd. A. et S. Roulin, Gallimard, 1955, p. 161-162).

ma reconnaissance et à mon respect ; mais aucune confiance n'avait existé jamais entre nous. Il avait dans l'esprit je ne sais quoi d'ironique qui convenait mal à mon caractère. Je ne demandais alors qu'à me livrer à ces impressions primitives et fougueuses qui jettent l'âme hors de la sphère commune, et lui inspirent le dédain de tous les objets qui l'environnent. Je trouvais dans mon père, non pas un censeur, mais un observateur froid et caustique, qui souriait d'abord de pitié, et qui finissait bientôt la conversation avec impatience. Je ne me souviens pas, pendant mes dix-huit premières années, d'avoir eu jamais un entretien d'une heure avec lui. Ses lettres étaient affectueuses, pleines de conseils raisonnables et sensibles ; mais à peine étions-nous en présence l'un de l'autre, qu'il y avait en lui quelque chose de contraint que je ne pouvais m'expliquer, et qui réagissait sur moi d'une manière pénible [1]. Je ne savais pas alors ce que c'était que la timidité, cette souffrance intérieure qui nous poursuit jusque dans l'âge le plus avancé, qui refoule sur notre cœur nos impressions les plus profondes, qui glace nos paroles, qui dénature dans notre bouche tout ce que nous essayons de dire, et ne nous permet de nous exprimer que par des mots vagues ou une ironie plus ou moins amère, comme si nous voulions nous venger sur nos sentiments mêmes de la douleur que nous éprouvons à ne pouvoir les faire connaître. Je ne savais pas que, même avec son fils, mon père était timide, et que souvent, après avoir longtemps attendu de moi quelques témoignages d'affection que sa froideur apparente semblait m'interdire, il me quittait les yeux mouillés de larmes, et se plaignait à d'autres de ce que je ne l'aimais pas.

Ma contrainte avec lui eut une grande influence sur mon caractère. Aussi timide que lui, mais plus agité, parce que j'étais plus jeune, je m'accoutumai à renfermer

1. Après « pénible », addition dans *M1*, finalement biffée dans *M2* : « Malheureusement il y avait dans mon caractère quelque chose à la fois de contraint et de violent que je ne m'expliquais pas, et que les autres s'expliquaient moins encore. »

en moi-même tout ce que j'éprouvais, à ne former que des plans solitaires, à ne compter que sur moi pour leur exécution, à considérer les avis, l'intérêt, l'assistance et jusqu'à la seule présence des autres comme une gêne et comme un obstacle[1]. Je contractai l'habitude de ne jamais parler de ce qui m'occupait, de ne me soumettre à la conversation que comme à une nécessité importune, et de l'animer alors par une plaisanterie perpétuelle qui me la rendait moins fatigante, et qui m'aidait à cacher mes véritables pensées. De là une certaine absence d'abandon qu'aujourd'hui encore mes amis me reprochent, et une difficulté de causer sérieusement que j'ai toujours peine à surmonter. Il en résulta en même temps un désir ardent d'indépendance, une grande impatience des liens dont j'étais environné, une terreur invincible d'en former de nouveaux. Je ne me trouvais à mon aise que tout seul[2], et tel est même à présent l'effet de cette disposition d'âme, que, dans les circonstances les moins importantes, quand je dois choisir entre deux partis, la figure humaine me trouble, et mon mouvement naturel est de la fuir pour délibérer en paix. Je n'avais point cependant la profondeur d'égoïsme qu'un tel caractère paraît annoncer : tout en ne m'intéressant qu'à moi, je m'intéressais faiblement à moi-même. Je portais au fond de mon cœur un besoin de sensibilité dont je ne m'apercevais pas, mais qui, ne trouvant point à se satisfaire, me détachait successivement de tous les objets qui tour à tour attiraient ma curiosité. Cette indifférence sur

---

1. La solitude, le repli sur l'espace intérieur et le divorce entre l'individu et la société sont des traits récurrents du héros du romantisme de 1800 : Constant le décline, à la suite de Chateaubriand dans *René* (1802) et de Senancour dans *Oberman* (1804), en lui donnant une inflexion propre.
2. Voir *René* : « Timide et contraint devant mon père, je ne me trouvais l'aise et le contentement qu'auprès de ma sœur Amélie » (*op. cit.*, p. 169). Par ailleurs, René cherche la solitude, se mettant à l'écart. Les deux personnages partagent la contrainte face au père et le goût de la solitude. Partant d'une même attitude face à la figure du pouvoir et de la société, ils sont confrontés cependant à des questions différentes, qu'incarne, dans *René*, la présence d'une âme sœur dès l'ouverture du récit.

tout s'était encore fortifiée par l'idée de la mort, idée qui m'avait frappé très jeune, et sur laquelle je n'ai jamais conçu que les hommes s'étourdissent si facilement. J'avais à l'âge de dix-sept ans vu mourir une femme âgée [1], dont l'esprit, d'une tournure remarquable et bizarre, avait commencé à développer le mien. Cette femme, comme tant d'autres, s'était, à l'entrée de sa carrière, lancée vers le monde, qu'elle ne connaissait pas, avec le sentiment d'une grande force d'âme et de facultés vraiment puissantes. Comme tant d'autres aussi, faute de s'être pliée à des convenances factices, mais nécessaires, elle avait vu ses espérances trompées, sa jeunesse passer sans plaisir ; et la vieillesse enfin l'avait atteinte sans la soumettre. Elle vivait dans un château voisin d'une de nos terres, mécontente et retirée, n'ayant que son esprit pour ressource, et analysant tout avec son esprit [2]. Pendant près d'un an, dans nos conversations inépuisables, nous avions envisagé la vie [3] sous toutes ses faces, et la mort toujours pour terme de tout ; et après avoir tant causé de la mort avec elle, j'avais vu la mort la frapper à mes yeux [4].

---

1. On a rapproché cette femme d'Isabelle de Charrière (1740-1805). Constant l'a rencontrée en 1796 ; de vingt-sept ans plus âgée que lui, elle joua un rôle important dans son éducation sentimentale. C'est une figure récurrente dans les récits de Constant : elle réapparaît dans *Ma vie* et dans *Cécile* sous les traits de Mme de Chenevière. **2.** Cette fin de vie évoque le thème de la mort de l'athée, qu'avait repris récemment Chateaubriand dans le *Génie du christianisme* (I, VI, 5, Gallimard, « Bibliothèque de la Pléiade », 1978, p. 617-618). Constant déplace la question du religieux vers le social, en dépeignant une femme non athée, mais libre et marquant son indépendance face aux « convenances ». Le mécontentement de sa vieillesse ne trouve pas son origine dans un quelconque abandon de Dieu, mais dans l'ostracisme social dont elle est victime. **3.** *Var.* (*M1 et M2*) : « près d'un an, dans ses conversations inépuisables, elle m'avait présenté la vie ». La leçon retenue (« nos » et « nous » plutôt que « ses » et « elle ») transforme une leçon donnée en un partage d'opinions communes ; la relation, qui pourrait être analogue à celle d'une mère et d'un fils, devient un rapport entre égaux. **4.** Narrativement, cette mort est une annonce de l'épilogue. Du point de vue biographique, Constant a très jeune été obsédé par cette idée et a effectivement perdu un certain nombre d'êtres chers : sa mère, morte juste après lui avoir donné le jour, et, en 1805 en particu-

Cet événement m'avait rempli d'un sentiment d'incertitude sur la destinée, et d'une rêverie vague qui ne m'abandonnait pas. Je lisais de préférence dans les poètes ce qui rappelait la brièveté de la vie humaine. Je trouvais qu'aucun but ne valait la peine d'aucun effort. Il est assez singulier que cette impression se soit affaiblie précisément à mesure que les années se sont accumulées sur moi. Serait-ce parce qu'il y a dans l'espérance quelque chose de douteux, et que, lorsqu'elle se retire de la carrière de l'homme, cette carrière prend un caractère plus sévère, mais plus positif ? serait-ce que la vie semble d'autant plus réelle, que toutes les illusions disparaissent, comme la cime des rochers se dessine mieux dans l'horizon lorsque les nuages se dissipent ?

Je me rendis, en quittant Gottingue, dans la petite ville de D***. Cette ville était la résidence d'un prince qui, comme la plupart de ceux de l'Allemagne, gouvernait avec douceur un pays de peu d'étendue, protégeait les hommes éclairés qui venaient s'y fixer, laissait à toutes les opinions une liberté parfaite, mais qui, borné par l'ancien usage [1] à la société de ses courtisans, ne rassemblait par là même autour de lui que des hommes en grande partie insignifiants ou médiocres. Je fus accueilli dans cette cour avec la curiosité qu'inspire naturellement tout étranger qui vient rompre le cercle de la monotonie et de l'étiquette. Pendant quelques mois, je ne remarquai rien qui pût captiver mon attention. J'étais reconnaissant de l'obligeance qu'on me témoignait ; mais tantôt ma timidité m'empêchait d'en profiter, tantôt la fatigue d'une agitation sans but me faisait préférer la solitude aux plaisirs insipides que l'on m'invitait à partager. Je

---

lier, Julie Talma et Isabelle de Charrière. Si la source est biographique, le motif de l'expérience de la mort appartient aussi à la figure du héros 1800 : la mort du père de *René* et de celui d'Oswald dans *Corinne* constitue un élément important dans la construction de ces personnages. **1.** En évoquant un « ancien usage », le narrateur nous apprend qu'il dépeint cet univers avec la connaissance d'une autre manière de gouverner. Si la Révolution n'apparaît pas explicitement dans le récit, elle peut influer sur la manière d'appréhender cette société.

n'avais de haine contre personne, mais peu de gens m'inspiraient de l'intérêt ; or [1] les hommes se blessent de l'indifférence, ils l'attribuent à la malveillance ou à l'affectation ; ils ne veulent pas croire qu'on s'ennuie avec eux naturellement. Quelquefois je cherchais à contraindre mon ennui ; je me réfugiais dans une taciturnité profonde : on prenait cette taciturnité pour du dédain. D'autres fois, lassé moi-même de mon silence, je me laissais aller à quelques plaisanteries, et mon esprit, mis en mouvement, m'entraînait au-delà de toute mesure. Je révélais en un jour tous les ridicules que j'avais observés durant un mois [2]. Les confidents de mes épanchements subits et involontaires ne m'en savaient aucun gré, et avaient raison : car c'était le besoin de parler qui me saisissait, et non la confiance. J'avais contracté dans mes conversations avec la femme qui la première avait développé mes idées, une insurmontable aversion pour toutes les maximes communes et pour toutes les formules dogmatiques. Lors donc que j'entendais la médiocrité disserter avec complaisance sur des principes bien établis, bien incontestables en fait de morale, de convenance ou de religion, choses qu'elle met assez volontiers sur la même ligne, je me sentais poussé à la contredire : non que j'eusse adopté des opinions opposées, mais parce que j'étais impatienté d'une conviction si ferme et si lourde. Je ne sais quel instinct m'avertissait d'ailleurs de me défier de ces axiomes généraux si exempts de toute restriction, si purs de toute nuance. Les sots font de leur morale une masse compacte et indivisible, pour qu'elle se mêle le moins possible avec leurs actions, et les laisse libres dans tous les détails.

Je me donnai bientôt par cette conduite une grande réputation de légèreté, de persiflage, de méchanceté. Mes paroles amères furent considérées comme des preuves

1. *Var.* (*M1*, biffé et corrigé par la leçon retenue) : « mais beaucoup de gens m'ennuyaient, or ». 2. Là aussi, Constant prête à Adolphe un aspect de sa personnalité, le goût et le sens de l'épigramme. On comparera ce récit à la description qu'il fait de son arrivée à la cour de la Margrave de Bareith dans *Ma vie* (*op. cit.*, p. 49).

d'une âme haineuse, mes plaisanteries comme des attentats contre tout ce qu'il y avait de plus respectable. Ceux dont j'avais eu le tort de me moquer trouvaient commode de faire cause commune avec les principes qu'ils m'accusaient de révoquer en doute : parce que, sans le vouloir, je les avais fait rire aux dépens les uns des autres, tous se réunirent contre moi. On eût dit qu'en faisant remarquer leurs ridicules, je trahissais une confidence qu'ils m'avaient faite ; on eût dit qu'en se montrant à mes yeux tels qu'ils étaient, ils avaient obtenu de ma part la promesse du silence : je n'avais point la conscience d'avoir accepté ce traité trop onéreux [1]. Ils avaient trouvé du plaisir à se donner ample carrière : j'en trouvais à les observer et à les décrire ; et ce qu'ils appelaient une perfidie me paraissait un dédommagement tout innocent et très légitime.

Je ne veux point ici me justifier : j'ai renoncé depuis longtemps à cet usage frivole et facile d'un esprit sans expérience ; je veux simplement dire, et cela pour d'autres que pour moi qui suis maintenant à l'abri du monde, qu'il faut du temps pour s'accoutumer à l'espèce humaine, telle que l'intérêt, l'affectation, la vanité, la peur, nous l'ont faite. L'étonnement de la première jeunesse, à l'aspect d'une société si factice et si travaillée, annonce plutôt un cœur naturel qu'un esprit méchant [2]. Cette société d'ailleurs n'a rien à en craindre. Elle pèse tellement sur nous, son influence sourde est tellement puissante, qu'elle ne tarde pas à nous façonner d'après le moule universel. Nous ne sommes plus surpris alors que de notre ancienne surprise, et nous nous trouvons bien sous notre nouvelle forme, comme l'on finit par respirer librement dans un spectacle encombré par la foule, tandis qu'en entrant on n'y respirait qu'avec effort.

---

1. Dans *Ma vie*, Constant présente une peinture analogue de cette attitude sociale. 2. Dans le sillage de Rousseau, Constant dépeint le parcours de son personnage comme celui d'une *dénaturation* par la société.

Si quelques-uns échappent à cette destinée générale, ils renferment en eux-mêmes leur dissentiment secret ; ils aperçoivent dans la plupart des ridicules le germe des vices : ils n'en plaisantent plus, parce que le mépris remplace la moquerie, et que le mépris est silencieux.

Il s'établit donc, dans le petit public qui m'environnait, une inquiétude vague sur mon caractère. On ne pouvait citer aucune action condamnable ; on ne pouvait même m'en contester quelques-unes qui semblaient annoncer de la générosité ou du dévouement ; mais on disait que j'étais un homme immoral, un homme peu sûr : deux épithètes heureusement inventées pour insinuer les faits qu'on ignore, et laisser deviner ce qu'on ne sait pas.

CHAPITRE II

Distrait, inattentif, ennuyé[1], je ne m'apercevais point de l'impression que je produisais, et je partageais mon temps entre des études que j'interrompais souvent, des projets que je n'exécutais pas, des plaisirs qui ne m'intéressaient guère, lorsqu'une circonstance, très frivole en apparence, produisit dans ma disposition une révolution importante.

Un jeune homme avec lequel j'étais assez lié cherchait depuis quelques mois à plaire à l'une des femmes les moins insipides de la société dans laquelle nous vivions : j'étais le confident très désintéressé de son entreprise. Après de longs efforts il parvint à se faire aimer ; et comme il ne m'avait point caché ses revers et ses peines, il se crut obligé de me communiquer ses succès : rien n'égalait ses transports et l'excès de sa joie. Le spectacle

1. Apparenté par l'ennui à d'autres personnages de la période (René ou, plus tard, Fantasio et Octave chez Musset), Adolphe s'en distingue : ce qui est originel chez lui, c'est l'indifférence au monde, non l'inquiétude, qui surgit dans un second temps, sous la pression de la société.

d'un tel bonheur me fit regretter de n'en avoir pas essayé encore ; je n'avais point eu jusqu'alors de liaison de femme qui pût flatter mon amour-propre [1] ; un nouvel avenir parut se dévoiler à mes yeux ; un nouveau besoin se fit sentir au fond de mon cœur [2]. Il y avait dans ce besoin beaucoup de vanité sans doute, mais il n'y avait pas uniquement de la vanité ; il y en avait peut-être moins que je ne le croyais moi-même. Les sentiments de l'homme sont confus et mélangés ; ils se composent d'une multitude d'impressions variées qui échappent à l'observation ; et la parole, toujours trop grossière et trop générale, peut bien servir à les désigner, mais ne sert jamais à les définir [3].

J'avais, dans la maison de mon père, adopté sur les femmes un système assez immoral. Mon père, bien qu'il

---

1. Dans *M1*, Constant avait écrit après « amour-propre » : « J'avais partagé les plaisirs faciles et peu glorieux de mes camarades. » La suppression de cette phrase fait d'Adolphe un personnage moins déterminé par le libertinage, plus inexpert à ce stade de son éducation sentimentale. **2.** Variation sur un thème développé par saint Augustin dans une formule célèbre : « Je n'aimais pas encore, et j'aimais à aimer. Comme j'aimais à aimer, je cherchais un objet à mon amour » (*Les Confessions*, V, I, trad. Joseph Trabucco, GF-Flammarion, 1964, p. 49). Dans *Adolphe*, la naissance de l'amour relève moins de facteurs ontologiques que sociaux. À l'inquiétude qui naît dans cette cour répondra la méditation solitaire du chapitre VII qui conduit à un détachement du monde et à un apaisement. Sur l'inquiétude augustinienne chez les romantiques, voir le pénétrant article de Philippe Sellier, « Mal du siècle ou mal du IVe siècle ? Des *Confessions* de saint Augustin aux inquiétudes romantiques », dans *Risonanze classiche nell'Europa romantica*, dir. A. Poli et E. Kanceff, Moncalieri, CIRVI, 1998, p. 37-50 ; sur Constant, p. 40-41. **3.** Cette idée revient dans les *Principes de politique* et dans *De la religion*, avec de légères variantes, lorsque Constant tente de cerner le « sentiment religieux » : « Si l'on m'accusait ici de ne pas définir d'une manière assez précise le sentiment religieux, je demanderais comment on définit avec précision cette partie vague et profonde de nos sensations morales, qui par sa nature même défie tous les efforts du langage » (*Principes de politique*, 1815, dans *Œuvres*, Gallimard, « Bibliothèque de la Pléiade », 1957, p. 1220 ; voir aussi la version de 1806-1810, Hachette, 1997, p. 143, et *De la religion*, dans *Œuvres*, *op. cit.*, p. 1415). Il ne s'agit pas ici seulement d'une réflexion sur les limites du langage comme outil analytique, mais d'une vision anthropologique : une partie de la psyché reste, dans sa profondeur et son indétermination (le « vague »), inaccessible à l'analyse. Il est significatif que

observât strictement les convenances extérieures, se permettait assez fréquemment des propos légers sur les liaisons d'amour : il les regardait comme des amusements, sinon permis, du moins excusables, et considérait le mariage seul sous un rapport sérieux. Il avait pour principe, qu'un jeune homme doit éviter avec soin de faire ce qu'on nomme une folie, c'est-à-dire de contracter un engagement durable avec une personne qui ne fût pas parfaitement son égale pour la fortune, la naissance et les avantages extérieurs ; mais du reste, toutes les femmes, aussi longtemps qu'il ne s'agissait pas de les épouser, lui paraissaient pouvoir, sans inconvénient, être prises, puis être quittées ; et je l'avais vu sourire avec une sorte d'approbation à cette parodie d'un mot connu : *Cela leur fait si peu de mal, et à nous tant de plaisir !*

L'on ne sait pas assez combien, dans la première jeunesse, les mots de cette espèce font une impression profonde, et combien à un âge où toutes les opinions sont encore douteuses et vacillantes, les enfants s'étonnent de voir contredire par des plaisanteries que tout le monde applaudit, les règles directes qu'on leur a données. Ces règles ne sont plus à leurs yeux que des formules banales que leurs parents sont convenus de leur répéter pour l'acquit de leur conscience, et les plaisanteries leur semblent renfermer le véritable secret de la vie.

Tourmenté d'une émotion vague [1], je veux être aimé [2], me disais-je, et je regardais autour de moi ; je ne voyais

---

Constant reprenne dans sa tentative de définir l'amour une réflexion qu'il applique dans d'autres textes au sentiment religieux. **1.** Le « vague » est un des traits caractéristiques du premier romantisme. Ainsi, Chateaubriand évoque dans le *Génie du christianisme* le « vague de la vie » (« Extrait de la défense du *Génie du christianisme* », dans *René*, *op. cit.*, p. 83), lui donnant pour origine Jean-Jacques Rousseau et *Les Souffrances du jeune Werther* de Goethe. Constant en fait une catégorie littéraire : voir Présentation. **2.** Et non pas « aimer », à l'inverse de l'aspiration augustinienne à aimer. Constant explicite cette distinction dans *Amélie et Germaine* : « Mon but en me mariant c'est de trouver l'amour, et beaucoup plus d'être aimé de ma femme que de l'aimer » (§ 4). Et, à l'approche de la mort d'Ellénore, le regret majeur d'Adolphe sera bien de ne plus être aimé.

personne qui m'inspirât de l'amour, personne qui me parût susceptible d'en prendre ; j'interrogeais mon cœur et mes goûts : je ne me sentais aucun mouvement de préférence. Je m'agitais ainsi intérieurement, lorsque je fis connaissance avec le comte de P***, homme de quarante ans, dont la famille était alliée à la mienne. Il me proposa de venir le voir. Malheureuse visite[1] ! Il avait chez lui sa maîtresse, une Polonaise[2], célèbre par sa beauté, quoiqu'elle ne fût plus de la première jeunesse. Cette femme, malgré sa situation désavantageuse, avait montré, dans plusieurs occasions, un caractère distingué. Sa famille, assez illustre en Pologne, avait été ruinée dans les troubles de cette contrée[3]. Son père avait été proscrit ; sa mère était allée chercher un asile en France, et y avait mené sa fille, qu'elle avait laissée, à sa mort, dans un isolement complet. Le comte de P*** en était devenu amoureux. J'ai toujours ignoré comment s'était formée une liaison qui, lorsque j'ai vu pour la première fois Ellénore[4], était, dès longtemps, établie et pour ainsi dire

---

1. Dans une première version, Constant avait écrit : « la mienne. Il me témoigna beaucoup d'amitié. Il m'invita fortement à venir chez lui. Malheureuse visite qui a empoisonné les huit plus belles années de toute ma vie ! » (*M1*, biffé). **2.** Voir Présentation. **3.** À partir de 1772, la Pologne entra dans une ère de troubles : son territoire, disputé par la Russie, la Prusse et l'Autriche, fut partagé trois fois (1772, 1793 et 1795) ; les guerres napoléoniennes ne furent qu'un court répit, au terme duquel le traité de Vienne en 1815 plaça la Pologne sous protectorat russe. Par ailleurs, les aspirations amenées par la Révolution française provoquèrent des troubles intérieurs. Sans précisions, ni de dates ni d'événements, le texte renvoie à un référent, non sans fondements historiques, mais vague. Cette imprécision ne suffit pas à réduire *Adolphe* à un drame psychologique ou à une tragédie atemporelle. Les contours flous du référent donnent au récit une portée générale : c'est la condition de l'individu dans la France, voire l'Europe postrévolutionnaire, qui est dépeinte. Le conflit entre l'individu et la société a pour cadre une société qui, sous la stabilité apparente des cours allemandes, est marquée par des troubles et des crises. **4.** Comme le relève Paul Delbouille dans son édition (Les Belles Lettres, 1977, p. 224), on trouve le prénom d'Éléonore dans des romans du XVIIIe siècle, dans une ballade de Bürger et dans les *Élégies* de Parny, et une Léonore dans le *Werther* de Goethe. En revanche, celui d'Ellénore, beaucoup plus rare, conserve sa part de mystère.

consacrée[1]. La fatalité de sa situation ou l'inexpérience de son âge l'avaient-elles jetée dans une carrière qui répugnait également à son éducation, à ses habitudes, et à la fierté qui faisait une partie très remarquable de son caractère ? Ce que je sais, ce que tout le monde a su, c'est que la fortune[2] du comte de P*** ayant été presque entièrement détruite, et sa liberté menacée, Ellénore lui avait donné de telles preuves de dévouement, avait rejeté avec un tel mépris les offres les plus brillantes, avait partagé ses périls et sa pauvreté avec tant de zèle et même de joie, que la sévérité la plus scrupuleuse ne pouvait s'empêcher de rendre justice à la pureté de ses motifs et au désintéressement de sa conduite. C'était à son activité, à son courage, à sa raison, aux sacrifices de tout genre qu'elle avait supportés sans se plaindre, que son amant devait d'avoir recouvré une partie de ses biens. Ils étaient venus s'établir à D*** pour y suivre un procès qui pouvait rendre entièrement au comte de P*** son ancienne opulence, et comptaient y rester environ deux ans.

Ellénore n'avait qu'un esprit ordinaire ; mais ses idées étaient justes, et ses expressions, toujours simples, étaient quelquefois frappantes par la noblesse et l'élévation de ses sentiments. Elle avait beaucoup de préjugés ; mais tous ses préjugés étaient en sens inverse de son intérêt. Elle attachait le plus grand prix à la régularité de la conduite, précisément parce que la sienne n'était pas régulière suivant les notions reçues. Elle était très religieuse, parce que la

---

1. C'est cette situation qui a servi de principal argument à ceux qui ont identifié Ellénore à l'une des passions de Constant, Anna Lindsay, longtemps la maîtresse d'Auguste Lamoignon et mère de deux enfants.
2. *Var.* (*M1* et *M2*) : « mené sa fille. Ellénore, c'était son nom, soit imprudence, soit passion, soit malheur de circonstances, avait eu, dans un âge fort tendre, une aventure d'éclat, dont les détails me sont restés inconnus. La mort de sa mère qui avait suivi de près cet événement, avait contribué, en la laissant dans un isolement complet, à la jeter dans une carrière qui répugnait également à son éducation, à ses habitudes, et à la fierté qui faisait une partie très remarquable de son caractère. Elle s'était attachée à lui ; l'on avait pu croire que c'était calcul. Mais la fortune ». Symétriquement à Adolphe, doté d'une jeunesse libertine dans un premier temps, Ellénore avait eu un parcours plus complexe, avant que Constant ne préfère alléger leur passé sentimental.

religion condamnait rigoureusement son genre de vie. Elle repoussait sévèrement dans la conversation tout ce qui n'aurait paru à d'autres femmes que des plaisanteries innocentes, parce qu'elle craignait toujours qu'on ne se crût autorisé par son état à lui en adresser de déplacées. Elle aurait désiré ne recevoir chez elle que des hommes du rang le plus élevé et de mœurs irréprochables, parce que les femmes à qui elle frémissait d'être comparée se forment d'ordinaire une société mélangée, et, se résignant à la perte de la considération, ne cherchent dans leurs relations que l'amusement. Ellénore, en un mot, était en lutte constante avec sa destinée. Elle protestait, pour ainsi dire, par chacune de ses actions et de ses paroles, contre la classe dans laquelle elle se trouvait rangée : et comme elle sentait que la réalité était plus forte qu'elle, et que ses efforts ne changeaient rien à sa situation, elle était fort malheureuse. Elle élevait deux enfants qu'elle avait eus du comte de P***, avec une austérité excessive. On eût dit quelquefois qu'une révolte secrète se mêlait à l'attachement plutôt passionné que tendre qu'elle leur montrait, et les lui rendait en quelque sorte importuns [1]. Lorsqu'on lui faisait à bonne intention quelque remarque sur ce que ses enfants grandissaient, sur les talents qu'ils promettaient d'avoir, sur la carrière qu'ils auraient à suivre, on la voyait pâlir de l'idée qu'il faudrait qu'un jour elle leur avouât leur naissance. Mais le moindre danger, une heure d'absence, la ramenait à eux avec une anxiété où l'on démêlait une espèce de remords, et le désir de leur donner par ses caresses le bonheur qu'elle n'y trouvait pas elle-même [2]. Cette opposition entre ses sentiments et la place qu'elle occupait dans le monde avait rendu son humeur fort inégale. Souvent elle était rêveuse et taciturne ; quelquefois elle parlait avec impétuosité. Comme elle était tourmentée d'une idée

---

1. Cette phrase manque dans les manuscrits *M1* et *M2*. **2.** Cette phrase manque dans les manuscrits *M1* et *M2*. La caractérisation de la relation qu'Ellénore entretient avec ses enfants a ainsi été précisée au moment de la publication du texte, donnant plus de profondeur aux enjeux du roman familial.

particulière, au milieu de la conversation la plus générale, elle ne restait jamais parfaitement calme. Mais, par cela même, il y avait dans sa manière quelque chose de fougueux et d'inattendu qui la rendait plus piquante qu'elle n'aurait dû l'être naturellement. La bizarrerie de sa position suppléait en elle à la nouveauté des idées. On l'examinait avec intérêt et curiosité comme un bel orage.

Offerte à mes regards dans un moment où mon cœur avait besoin d'amour, ma vanité de succès, Ellénore [1] me parut une conquête digne de moi. Elle-même trouva du plaisir dans la société d'un homme différent de ceux qu'elle avait vus jusqu'alors. Son cercle s'était composé de quelques amis ou parents de son amant et de leurs femmes, que l'ascendant du comte de P*** avait forcées à recevoir sa maîtresse. Les maris étaient dépourvus de sentiments aussi bien que d'idées ; les femmes ne différaient de leurs maris que par une médiocrité plus inquiète et plus agitée, parce qu'elles n'avaient pas, comme eux, cette tranquillité d'esprit qui résulte de l'occupation et de la régularité des affaires. Une plaisanterie plus légère, une conversation plus variée, un mélange particulier de mélancolie et de gaieté, de découragement et d'intérêt, d'enthousiasme et d'ironie, étonnèrent et attachèrent Ellénore. Elle parlait plusieurs langues, imparfaitement à la vérité, mais toujours avec vivacité, quelquefois avec grâce. Ses idées semblaient se faire jour à travers les obstacles, et sortir de cette lutte plus agréables, plus naïves et plus neuves ; car les idiomes étrangers rajeunissent les pensées, et les débarrassent de ces tournures qui les font paraître tour à tour communes et affectées. Nous lisions ensemble des poètes anglais [2] ;

---

1. *Var.* (*M1*, biffé et remplacé par la version définitive) : « Telle que je viens de la peindre, Ellénore ». **2.** Cadre décidément très européen que celui d'*Adolphe*. Pour le lecteur de l'époque, les « poètes anglais » renvoyaient à des figures de précurseurs du romantisme comme celles de James Thomson, Edward Young, Thomas Gray, Thomas Chatterton ou James MacPherson. Les *Nuits* de Young, l'« Élégie écrite dans un cimetière de campagne » de Gray ou les poèmes d'Ossian avaient eu un large écho en France et en Europe.

nous nous promenions ensemble. J'allais souvent la voir le matin ; j'y retournais le soir : je causais avec elle sur mille sujets.

Je pensais faire, en observateur froid et impartial, le tour de son caractère et de son esprit ; mais chaque mot qu'elle disait me semblait revêtu d'une grâce inexplicable. Le dessein de lui plaire, mettant dans ma vie un nouvel intérêt, animait mon existence d'une manière inusitée. J'attribuais à son charme cet effet presque magique : j'en aurais joui plus complètement encore sans l'engagement que j'avais pris envers mon amour-propre. Cet amour-propre était en tiers entre Ellénore et moi. Je me croyais comme obligé de marcher au plus vite vers le but que je m'étais proposé : je ne me livrais donc pas sans réserve à mes impressions. Il me tardait d'avoir parlé, car il me semblait que je n'avais qu'à parler pour réussir. Je ne croyais point aimer Ellénore ; mais déjà je n'aurais pu me résigner à ne pas lui plaire. Elle m'occupait sans cesse : je formais mille projets ; j'inventais mille moyens de conquête, avec cette fatuité sans expérience qui se croit sûre du succès parce qu'elle n'a rien essayé.

Cependant une invincible timidité m'arrêtait : tous mes discours expiraient sur mes lèvres, ou se terminaient tout autrement que je ne l'avais projeté. Je me débattais intérieurement : j'étais indigné contre moi-même.

Je cherchai enfin un raisonnement qui pût me tirer de cette lutte avec honneur à mes propres yeux. Je me dis qu'il ne fallait rien précipiter, qu'Ellénore était trop peu préparée à l'aveu que je méditais, et qu'il valait mieux attendre encore. Presque toujours, pour vivre en repos avec nous-mêmes, nous travestissons en calculs et en systèmes nos impuissances ou nos faiblesses : cela satisfait cette portion de nous, qui est, pour ainsi dire, spectatrice de l'autre.

Cette situation se prolongea. Chaque jour, je fixais le lendemain comme l'époque invariable d'une déclaration positive, et chaque lendemain s'écoulait comme la veille. Ma timidité me quittait dès que je m'éloignais d'Ellénore ; je reprenais alors mes plans habiles et mes profondes combinaisons : mais à peine me retrouvais-je auprès d'elle, que je me sentais de nouveau tremblant et troublé. Quiconque aurait lu dans mon cœur, en son absence, m'aurait pris pour un séducteur froid et peu sensible ; quiconque m'eût aperçu à ses côtés eût cru reconnaître en moi un amant novice, interdit et passionné. L'on se serait également trompé dans ces deux jugements : il n'y a point d'unité complète dans l'homme, et presque jamais personne n'est tout à fait sincère ni tout à fait de mauvaise foi.

Convaincu par ces expériences réitérées que je n'aurais jamais le courage de parler à Ellénore, je me déterminai à lui écrire. Le comte de P*** était absent. Les combats que j'avais livrés longtemps à mon propre caractère, l'impatience que j'éprouvais de n'avoir pu le surmonter, mon incertitude sur le succès de ma tentative, jetèrent dans ma lettre une agitation qui ressemblait fort à l'amour. Échauffé d'ailleurs que j'étais par mon propre style, je ressentais, en finissant d'écrire, un peu de la passion que j'avais cherché à exprimer avec toute la force possible.

Ellénore vit dans ma lettre ce qu'il était naturel d'y voir, le transport passager d'un homme qui avait dix ans de moins qu'elle, dont le cœur s'ouvrait à des sentiments qui lui étaient encore inconnus, et qui méritait plus de pitié que de colère. Elle me répondit avec bonté, me donna des conseils affectueux, m'offrit une amitié sincère, mais me déclara que, jusqu'au retour du comte de P***, elle ne pourrait me recevoir.

Cette réponse me bouleversa. Mon imagination, s'irritant de l'obstacle, s'empara de toute mon existence. L'amour, qu'une heure auparavant je m'applaudissais de feindre, je crus tout à coup l'éprouver avec fureur. Je courus chez Ellénore ; on me dit qu'elle était sortie. Je lui écrivis ; je la suppliai de m'accorder une dernière entrevue ; je lui peignis en termes déchirants mon désespoir, les projets funestes que m'inspirait sa cruelle détermination. Pendant une grande partie du jour, j'attendis vainement une réponse. Je ne calmai mon inexprimable souffrance qu'en me répétant que le lendemain je braverais toutes les difficultés pour pénétrer jusqu'à Ellénore et pour lui parler. On m'apporta le soir quelques mots d'elle : ils étaient doux. Je crus y remarquer une impression de regret et de tristesse ; mais elle persistait dans sa résolution, qu'elle m'annonçait comme inébranlable. Je me présentai de nouveau chez elle le lendemain. Elle était partie pour une campagne dont ses gens ignoraient le nom. Ils n'avaient même aucun moyen de lui faire parvenir des lettres.

Je restai longtemps immobile à sa porte, n'imaginant plus aucune chance de la retrouver. J'étais étonné moi-même de ce que je souffrais. Ma mémoire me retraçait les instants où je m'étais dit que je n'aspirais qu'à un succès ; que ce n'était qu'une tentative à laquelle je renoncerais sans peine. Je ne concevais rien à la douleur violente, indomptable, qui déchirait mon cœur. Plusieurs jours se passèrent de la sorte. J'étais également incapable de distraction et d'étude. J'errais sans cesse devant la porte d'Ellénore. Je me promenais dans la ville, comme si, au détour de chaque rue, j'avais pu espérer de la rencontrer. Un matin, dans une de ces courses sans but, qui servaient à remplacer mon agitation par de la fatigue, j'aperçus la voiture du comte de P***, qui revenait de son voyage. Il me reconnut et mit pied à terre. Après quelques phrases banales, je lui parlai, en déguisant mon trouble, du départ subit d'Ellénore. Oui, me dit-il, une de ses amies, à quelques lieues d'ici, a éprouvé je ne sais quel événement fâcheux qui a fait croire à Ellénore que ses consolations lui seraient utiles. Elle est partie sans me consulter. C'est une personne que tous ses sentiments dominent, et dont l'âme, toujours active, trouve presque du repos dans le dévouement. Mais sa présence ici m'est trop nécessaire ; je vais lui écrire : elle reviendra sûrement dans quelques jours.

Cette assurance me calma : je sentis ma douleur s'apaiser. Pour la première fois [1] depuis le départ d'Ellénore, je

1. *Var.* (*M1*, biffé) : « ma douleur s'apaiser graduellement. Mon sentiment diminua par là même. Pour la première fois ».

pus respirer sans peine. Son retour fut moins prompt que ne l'espérait le comte de P***. Mais j'avais repris ma vie habituelle, et l'angoisse que j'avais éprouvée commençait à se dissiper, lorsqu'au bout d'un mois M. de P*** me fit avertir qu'Ellénore devait arriver le soir. Comme il mettait un grand prix à lui maintenir dans la société la place que son caractère méritait, et dont sa situation semblait l'exclure, il avait invité à souper plusieurs femmes de ses parentes et de ses amies qui avaient consenti à voir Ellénore.

Mes souvenirs reparurent, d'abord confus, bientôt plus vifs. Mon amour-propre s'y mêlait. J'étais embarrassé, humilié, de rencontrer une femme qui m'avait traité comme un enfant. Il me semblait la voir, souriant à mon approche de ce qu'une courte absence avait calmé l'effervescence d'une jeune tête ; et je démêlais dans ce sourire une sorte de mépris pour moi. Par degrés mes sentiments se réveillèrent. Je m'étais levé, ce jour-là même, ne songeant plus à Ellénore : une heure après avoir reçu la nouvelle de son arrivée, son image errait devant mes yeux, régnait sur mon cœur, et j'avais la fièvre de la crainte de ne pas la voir.

Je restai chez moi toute la journée ; je m'y tins, pour ainsi dire, caché : je tremblais que le moindre mouvement ne prévînt notre rencontre. Rien pourtant n'était plus simple, plus certain ; mais je la désirais avec tant d'ardeur, qu'elle me paraissait impossible. L'impatience me dévorait : à tous les instants je consultais ma montre. J'étais obligé d'ouvrir ma fenêtre pour respirer ; mon sang me brûlait en circulant dans mes veines.

Enfin j'entendis sonner l'heure à laquelle je devais me rendre chez le comte. Mon impatience se changea tout à coup en timidité ; je m'habillai lentement ; je ne me sentais plus pressé d'arriver : j'avais un tel effroi que mon attente ne fût déçue, un sentiment si vif de la douleur que je courais risque d'éprouver, que j'aurais consenti volontiers à tout ajourner.

Il était assez tard lorsque j'entrai chez M. de P***. J'aperçus Ellénore assise au fond de la chambre ; je n'osais avancer, il me semblait que tout le monde avait les yeux fixés sur moi. J'allai me cacher dans un coin du salon, derrière un groupe d'hommes qui causaient. De là je contemplais Ellénore : elle me parut légèrement changée, elle était plus pâle que de coutume. Le comte me découvrit dans l'espèce de retraite où je m'étais réfugié ; il vint à moi, me prit par la main, et me conduisit vers Ellénore. Je vous présente, lui dit-il en riant, l'un des hommes que votre départ inattendu a le plus étonné. Ellénore parlait à une femme placée à côté d'elle. Lorsqu'elle me vit, ses paroles s'arrêtèrent sur ses lèvres ; elle demeura tout interdite : je l'étais beaucoup moi-même.

On pouvait nous entendre ; j'adressai à Ellénore des questions indifférentes. Nous reprîmes tous deux une apparence de calme. On annonça qu'on avait servi ; j'offris à Ellénore mon bras, qu'elle ne put refuser. Si vous ne me promettez pas, lui dis-je en la conduisant, de me recevoir demain chez vous à onze heures, je pars à l'instant, j'abandonne mon pays, ma famille et mon père, je romps tous mes liens, j'abjure tous mes devoirs, et je vais, n'importe où, finir au plus tôt une vie que vous vous plaisez à empoisonner. Adolphe ! me répondit-elle ; et elle hésitait. Je fis un mouvement pour m'éloigner. Je ne sais ce que mes traits exprimèrent, mais je n'avais jamais éprouvé de contraction si violente.

Ellénore me regarda. Une terreur mêlée d'affection se peignit sur sa figure. Je vous recevrai demain, me dit-elle, mais je vous conjure… Beaucoup de personnes nous suivaient, elle ne put achever sa phrase. Je pressai sa main de mon bras ; nous nous mîmes à table.

J'aurais voulu m'asseoir à côté d'Ellénore, mais le maître de la maison l'avait autrement décidé : je fus placé à peu près vis-à-vis d'elle. Au commencement du souper, elle était rêveuse. Quand on lui adressait la parole, elle répondait avec douceur ; mais elle retombait bientôt dans la distraction. Une de ses amies, frappée de son silence et de son abattement, lui demanda si elle était malade : Je n'ai pas été bien dans ces derniers temps, répondit-elle, et même à présent je suis fort ébranlée. J'aspirais à produire dans l'esprit d'Ellénore une impression agréable ; je voulais, en me montrant aimable et spirituel, la disposer en ma faveur, et la préparer à l'entrevue qu'elle m'avait accordée. J'essayai donc de mille manières de fixer son attention. Je ramenai la conversation sur des sujets que je savais l'intéresser ; nos voisins s'y mêlèrent : j'étais inspiré par sa présence ; je parvins à me faire écouter d'elle, je la vis bientôt sourire : j'en ressentis une telle joie, mes regards exprimèrent tant de reconnaissance, qu'elle ne put s'empêcher d'en être touchée. Sa tristesse et sa distraction se dissipèrent : elle ne résista plus au charme secret que répandait dans son âme la vue du bonheur que je lui devais ; et quand nous sortîmes de table, nos cœurs étaient d'intelligence comme si nous n'avions jamais été séparés. Vous voyez, lui dis-je en lui donnant la main pour rentrer dans le salon, que vous disposez de toute mon existence ; que vous ai-je fait pour que vous trouviez du plaisir à la tourmenter ?

CHAPITRE III

Je passai la nuit sans dormir. Il n'était plus question dans mon âme ni de calculs ni de projets ; je me sentais, de la meilleure foi du monde, véritablement amoureux. Ce n'était plus l'espoir du succès qui me faisait agir : le besoin de voir celle que j'aimais, de jouir de sa présence, me dominait exclusivement. Onze heures sonnèrent, je me rendis auprès d'Ellénore ; elle m'attendait. Elle voulut parler : je lui demandai de m'écouter. Je m'assis auprès d'elle, car je pouvais à peine me soutenir, et je continuai en ces termes, non sans être obligé de m'interrompre souvent :

Je ne viens point réclamer contre la sentence que vous avez prononcée ; je ne viens point rétracter un aveu qui a pu vous offenser : je le voudrais en vain. Cet amour que vous repoussez est indestructible : l'effort même que je fais dans ce moment pour vous parler avec un peu de calme est une preuve de la violence d'un sentiment qui vous blesse. Mais ce n'est plus pour vous en entretenir que je vous ai priée de m'entendre ; c'est au contraire pour vous demander de l'oublier, de me recevoir comme autrefois, d'écarter le souvenir d'un instant de délire, de ne pas me punir de ce que vous savez un secret que j'aurais dû renfermer au fond de mon âme. Vous connaissez ma situation ; ce caractère qu'on dit bizarre et sauvage ; ce cœur étranger à tous les intérêts du monde, solitaire au milieu des hommes, et qui souffre pourtant de l'isolement auquel il est condamné. Votre amitié me soutenait : sans cette amitié je ne puis vivre. J'ai pris l'habitude de vous voir ; vous avez laissé naître et se former cette douce habitude : qu'ai-je fait pour perdre cette unique consolation d'une existence si triste et si sombre ? Je suis horriblement malheureux ; je n'ai plus le courage de supporter un si long malheur ; je n'espère rien, je ne demande rien, je ne veux que vous voir : mais je dois vous voir s'il faut que je vive.

Ellénore gardait le silence. Que craignez-vous ? reprisje. Qu'est-ce que j'exige ? ce que vous accordez à tous les indifférents. Est-ce le monde que vous redoutez ? Ce monde, absorbé dans ses frivolités solennelles, ne lira pas dans un cœur tel que le mien. Comment ne serais-je pas prudent ? n'y va-t-il pas de ma vie ? Ellénore, rendezvous à ma prière : vous y trouverez quelque douceur. Il y aura pour vous quelque charme à être aimée ainsi, à me voir auprès de vous, occupé de vous seule, n'existant que pour vous, vous devant toutes les sensations de bonheur dont je suis encore susceptible, arraché par votre présence à la souffrance et au désespoir.

Je poursuivis longtemps de la sorte, levant toutes les objections, retournant de mille manières tous les raisonnements qui plaidaient en ma faveur. J'étais si soumis, si résigné, je demandais si peu de chose, j'aurais été si malheureux d'un refus !

Ellénore fut émue. Elle m'imposa plusieurs conditions. Elle ne consentit à me recevoir que rarement, au milieu d'une société nombreuse, avec l'engagement que je ne lui parlerais jamais d'amour. Je promis ce qu'elle voulut. Nous étions contents tous les deux : moi, d'avoir reconquis le bien que j'avais été menacé de perdre ; Ellénore, de se trouver à la fois généreuse, sensible et prudente.

Je profitai dès le lendemain de la permission que j'avais obtenue ; je continuai de même les jours suivants. Ellénore ne songea plus à la nécessité que mes visites fussent peu fréquentes : bientôt rien ne lui parut plus simple que de me voir tous les jours. Dix ans de fidélité avaient inspiré à M. de P*** une confiance entière ; il laissait à Ellénore la plus grande liberté. Comme il avait eu à lutter contre l'opinion qui voulait exclure sa maîtresse du monde où il était appelé à vivre, il aimait à voir s'augmenter la société d'Ellénore ; sa maison remplie constatait à ses yeux son propre triomphe sur l'opinion.

Lorsque j'arrivais, j'apercevais dans les regards d'Ellénore une expression de plaisir. Quand elle s'amusait dans la conversation, ses yeux se tournaient naturellement vers moi. L'on ne racontait rien d'intéressant qu'elle ne m'appelât pour l'entendre. Mais elle n'était jamais seule : des soirées entières se passaient sans que je pusse lui dire autre chose en particulier que quelques mots insignifiants ou interrompus. Je ne tardai pas à m'irriter de tant de contrainte. Je devins sombre, taciturne, inégal dans mon humeur, amer dans mes discours. Je me contenais à peine lorsqu'un autre que moi s'entretenait à part avec Ellénore : j'interrompais brusquement ces entretiens. Il m'importait peu qu'on pût s'en offenser, et je n'étais pas toujours arrêté par la crainte de la compromettre. Elle se plaignit à moi de ce changement. Que voulez-vous ? lui dis-je avec impatience : vous croyez sans doute avoir fait beaucoup pour moi ; je suis forcé de vous dire que vous vous trompez. Je ne conçois rien à votre nouvelle manière d'être. Autrefois vous viviez retirée ; vous fuyiez une société fatigante ; vous évitiez ces éternelles conversations qui se prolongent précisément parce qu'elles ne devraient jamais commencer. Aujourd'hui votre porte est ouverte à la terre entière. On dirait qu'en vous demandant de me recevoir, j'ai obtenu pour tout l'univers la même faveur que pour moi. Je vous l'avoue, en vous voyant jadis si prudente, je ne m'attendais pas à vous trouver si frivole.

Je démêlai dans les traits d'Ellénore une impression de mécontentement et de tristesse. Chère Ellénore, lui dis-je en me radoucissant tout à coup, ne mérité-je donc pas d'être distingué des mille importuns qui vous assiègent ? l'amitié n'a-t-elle pas ses secrets ? n'est-elle pas ombrageuse et timide au milieu du bruit et de la foule ?

Ellénore craignait, en se montrant inflexible, de voir se renouveler des imprudences qui l'alarmaient pour elle et pour moi. L'idée de rompre n'approchait plus de son cœur : elle consentit à me recevoir quelquefois seule.

Alors se modifièrent rapidement les règles sévères qu'elle m'avait prescrites. Elle me permit de lui peindre mon amour ; elle se familiarisa par degrés avec ce langage : bientôt elle m'avoua qu'elle m'aimait.

Je passai quelques heures à ses pieds, me proclamant le plus heureux des hommes, lui prodiguant mille assurances de tendresse, de dévouement et de respect éternel. Elle me raconta ce qu'elle avait souffert en essayant de s'éloigner de moi ; que de fois elle avait espéré que je la découvrirais malgré ses efforts ; comment le moindre bruit qui frappait ses oreilles lui paraissait annoncer mon arrivée ; quel trouble, quelle joie, quelle crainte, elle avait ressentis en me revoyant ; par quelle défiance d'elle-même, pour concilier le penchant de son cœur avec la prudence, elle s'était livrée aux distractions du monde, et avait recherché la foule qu'elle fuyait auparavant. Je lui faisais répéter les plus petits détails, et cette histoire de quelques semaines nous semblait être celle d'une vie entière. L'amour supplée aux longs souvenirs, par une sorte de magie. Toutes les autres affections ont besoin du passé : l'amour crée, comme par enchantement, un passé dont il nous entoure. Il nous donne, pour ainsi dire, la conscience d'avoir vécu, durant des années, avec un être qui naguère nous était presque étranger. L'amour n'est qu'un point lumineux, et néanmoins il semble s'emparer du temps. Il y a peu de jours qu'il n'existait pas, bientôt il n'existera plus ; mais, tant qu'il existe, il répand sa clarté sur l'époque qui l'a précédé, comme sur celle qui doit le suivre[1].

Ce calme pourtant dura peu. Ellénore était d'autant plus en garde contre sa faiblesse, qu'elle était poursuivie du souvenir de ses fautes : et mon imagination, mes désirs, une théorie de fatuité dont je ne m'apercevais pas moi-même, se révoltaient contre un tel amour. Toujours timide[2], souvent irrité, je me plaignais, je m'emportais, j'accablais Ellénore de reproches. Plus d'une fois elle forma le projet de briser un lien qui ne répandait sur sa vie que de l'inquiétude et du trouble ; plus d'une fois je l'apaisai par mes supplications, mes désaveux et mes pleurs.

Ellénore, lui écrivais-je un jour, vous ne savez pas tout ce que je souffre. Près de vous, loin de vous, je suis également malheureux. Pendant les heures qui nous séparent, j'erre au hasard, courbé sous le fardeau d'une existence que je ne sais comment supporter. La société m'importune, la solitude m'accable. Ces indifférents qui m'observent, qui ne connaissent rien de ce qui m'occupe, qui me regardent avec une curiosité sans intérêt, avec un étonnement sans pitié, ces hommes qui osent me parler d'autre chose que de vous, portent dans mon sein une douleur mortelle. Je les fuis ; mais, seul, je cherche en

---

1. Cette méditation sur la manière dont l'amour ouvre une temporalité nouvelle fait écho à cette réflexion de Germaine de Staël dans *Corinne* : l'amour « donne des heures si douces ; il répand un tel charme sur chaque minute, que bien qu'il ait besoin d'un avenir indéfini, il s'enivre du présent, et reçoit un jour comme un siècle de bonheur ou de peine, tant ce jour est rempli par une multitude d'émotions et d'idées ! Ah ! sans doute, c'est par l'amour que l'éternité peut être comprise ; il confond toutes les notions du temps, il efface les idées de commencement et de fin ; on croit avoir toujours aimé l'objet qu'on aime, tant il est difficile de concevoir qu'on ait pu vivre sans lui » (*Corinne*, VIII, 2, Gallimard, « Folio », 1985, p. 215). 2. Les manuscrits précisaient : « contre un amour séparé des sens. Toujours timide ».

vain un air qui pénètre dans ma poitrine oppressée. Je me précipite sur cette terre qui devrait s'entrouvrir pour m'engloutir à jamais ; je pose ma tête sur la pierre froide qui devrait calmer la fièvre ardente qui me dévore. Je me traîne vers cette colline d'où l'on aperçoit votre maison ; je reste là, les yeux fixés sur cette retraite que je n'habiterai jamais avec vous. Et si je vous avais rencontrée plus tôt, vous auriez pu être à moi ! j'aurais serré dans mes bras la seule créature que la nature ait formée pour mon cœur, pour ce cœur qui a tant souffert parce qu'il vous cherchait, et qu'il ne vous a trouvée que trop tard ! Lorsqu'enfin ces heures de délire sont passées, lorsque le moment arrive où je puis vous voir, je prends en tremblant la route de votre demeure. Je crains que tous ceux qui me rencontrent ne devinent les sentiments que je porte en moi ; je m'arrête ; je marche à pas lents : je retarde l'instant du bonheur, de ce bonheur que tout menace, que je me crois toujours sur le point de perdre ; bonheur imparfait et troublé, contre lequel conspirent peut-être à chaque minute et les événements funestes et les regards jaloux, et les caprices tyranniques et votre propre volonté. Quand je touche au seuil de votre porte, quand je l'entrouvre, une nouvelle terreur me saisit : je m'avance comme un coupable, demandant grâce à tous les objets qui frappent ma vue, comme si tous étaient ennemis, comme si tous m'enviaient l'heure de félicité dont je vais encore jouir. Le moindre son m'effraie, le moindre mouvement autour de moi m'épouvante, le bruit même de mes pas me fait reculer. Tout près de vous je crains encore quelque obstacle qui se place soudain entre vous et moi. Enfin je vous vois, je vous vois et je respire, et je vous contemple et je m'arrête, comme le fugitif qui touche au sol protecteur qui doit le garantir de la mort. Mais alors même, lorsque tout mon être s'élance vers vous, lorsque j'aurais un tel besoin de me reposer de tant d'angoisses, de poser ma tête sur vos genoux, de donner un libre cours à mes larmes, il faut que je me contraigne avec violence, que même auprès de vous je vive encore d'une vie d'effort : pas un instant d'épanchement ! pas un instant d'abandon ! Vos regards m'observent. Vous êtes embarrassée, presque offensée de mon trouble. Je ne sais quelle gêne a succédé à ces heures délicieuses où du moins vous m'avouiez votre amour. Le temps s'enfuit, de nouveaux intérêts vous appellent : vous ne les oubliez jamais ; vous ne retardez jamais l'instant qui m'éloigne. Des étrangers viennent : il n'est plus permis de vous regarder ; je sens qu'il faut fuir pour me dérober aux soupçons qui m'environnent. Je vous quitte plus agité, plus déchiré, plus insensé qu'auparavant ; je vous quitte, et je retombe dans cet isolement effroyable, où je me débats sans rencontrer un seul être sur lequel je puisse m'appuyer, me reposer un moment.

Ellénore n'avait jamais été aimée de la sorte [1]. M. de P*** avait pour elle une affection très vraie, beaucoup de reconnaissance pour son dévouement, beaucoup de respect pour son caractère ; mais il y avait toujours dans sa manière une nuance de supériorité sur une femme qui s'était donnée publiquement à lui sans qu'il l'eût épousée. Il aurait pu contracter des liens plus honorables, suivant l'opinion commune : il ne le lui disait point, il ne se le disait peut-être pas à lui-même ; mais ce qu'on ne dit pas n'en existe pas moins, et tout ce qui est se devine. Ellénore n'avait eu jusqu'alors aucune notion de ce sentiment passionné, de cette existence perdue dans la sienne, dont mes fureurs mêmes, mes injustices et mes reproches n'étaient que des preuves plus irréfragables. Sa résistance avait exalté toutes mes sensations, toutes mes idées : je

---

1. Les manuscrits précisaient : « de la sorte. Son premier amant l'avait entraînée lorsqu'elle était très jeune, et l'avait cruellement abandonnée. » C'est un exemple d'une correction qui aurait été faite à la suite d'une lecture, que rapporte Charles de Constant dans une lettre du 6 mai 1816 : « Il [Constant] lit son roman. [...] L'héroïne fait trois faux pas. Lady Charlotte Campbell se jeta à ses pieds pour changer la catastrophe en l'assurant que tout intérêt cessait après le premier faux pas de cette héroïne » (cité par Gustave Rudler dans son édition d'*Adolphe*, Manchester University Press, 1919, p. LXII). Cette suppression contribue à alléger narrativement et moralement le personnage d'Ellénore : la purification de la victime augmente la charge pathétique de son destin.

revenais des emportements qui l'effrayaient à une soumission, à une tendresse, à une vénération idolâtre. Je la considérais comme une créature céleste. Mon amour tenait du culte, et il avait pour elle d'autant plus de charme, qu'elle craignait sans cesse de se voir humiliée dans un sens opposé. Elle se donna enfin tout entière.

Malheur à l'homme qui, dans les premiers moments d'une liaison d'amour, ne croit pas que cette liaison doit être éternelle ! Malheur à qui, dans les bras de la maîtresse qu'il vient d'obtenir, conserve une funeste prescience, et prévoit qu'il pourra s'en détacher ! Une femme que son cœur entraîne a dans cet instant quelque chose de touchant et de sacré. Ce n'est pas le plaisir, ce n'est pas la nature, ce ne sont pas les sens qui sont corrupteurs ; ce sont les calculs auxquels la société nous accoutume, et les réflexions que l'expérience fait naître. J'aimai, je respectai mille fois plus Ellénore après qu'elle se fut donnée. Je marchais avec orgueil au milieu des hommes ; je promenais sur eux un regard dominateur. L'air que je respirais était à lui seul une jouissance. Je m'élançais au-devant de la nature, pour la remercier du bienfait inespéré, du bienfait immense qu'elle avait daigné m'accorder.

CHAPITRE IV

Charme de l'amour, qui pourrait vous peindre ! Cette persuasion que nous avons trouvé l'être que la nature avait destiné pour nous, ce jour subit répandu sur la vie, et qui nous semble en expliquer le mystère, cette valeur inconnue attachée aux moindres circonstances, ces heures rapides, dont tous les détails échappent au souvenir par leur douceur même, et qui ne laissent dans notre âme qu'une longue trace de bonheur, cette gaieté folâtre qui se mêle quelquefois sans cause à un attendrissement habituel, tant de plaisir dans la présence, et dans l'absence tant d'espoir, ce détachement de tous les soins vulgaires, cette supériorité sur tout ce qui nous entoure, cette certitude que désormais le monde ne peut nous atteindre où nous vivons, cette intelligence mutuelle qui devine chaque pensée et qui répond à chaque émotion, charme de l'amour, qui vous éprouva ne saurait vous décrire ! [1]

M. de P*** fut obligé, pour des affaires pressantes, de s'absenter pendant six semaines. Je passai ce temps chez Ellénore presque sans interruption. Son attachement semblait s'être accru du sacrifice qu'elle m'avait fait. Elle ne me laissait jamais la quitter sans essayer de me retenir. Lorsque je sortais, elle me demandait quand je reviendrais. Deux heures de séparation lui étaient insupportables. Elle fixait avec une précision inquiète l'instant de mon retour. J'y souscrivais avec joie ; j'étais reconnaissant, j'étais heureux du sentiment qu'elle me témoignait. Mais cependant les intérêts de la vie commune ne se laissent pas plier arbitrairement à tous nos désirs. Il m'était quelquefois incommode d'avoir tous mes pas marqués d'avance, et tous mes moments ainsi comptés. J'étais forcé de précipiter toutes mes démarches, de rompre avec la plupart de mes relations. Je ne savais que répondre à mes connaissances lorsqu'on me proposait quelque partie que, dans une situation naturelle, je n'aurais point eu de motif pour refuser. Je ne regrettais point auprès d'Ellénore ces plaisirs de la vie sociale, pour lesquels je n'avais jamais eu beaucoup d'intérêt, mais j'aurais voulu qu'elle me permît d'y renoncer plus librement. J'aurais éprouvé plus de douceur à retourner auprès d'elle, de ma propre volonté, sans me dire que l'heure était arrivée, qu'elle m'attendait avec anxiété, et sans que l'idée de sa peine vînt se mêler à celle du bonheur que j'allais goûter en la retrouvant. Ellénore était

---

1. Ce premier paragraphe manque dans *M1* et *M2*. Certains critiques ont perçu ce passage, lyrique, d'une tonalité mussétienne avant l'heure, comme un corps étranger au roman. Or, ce développement s'inscrit dans une série de notations brèves, mais qui préparent l'explosion éphémère du sentiment amoureux. Il rend d'autant plus dramatique la brusque décristallisation qui suivra dès ce chapitre IV.

sans doute un vif plaisir dans mon existence, mais elle n'était plus un but : elle était devenue un lien. Je craignais d'ailleurs de la compromettre. Ma présence continuelle devait étonner ses gens, ses enfants, qui pouvaient m'observer. Je tremblais de l'idée de déranger son existence. Je sentais que nous ne pouvions être unis pour toujours, et que c'était un devoir sacré pour moi de respecter son repos : je lui donnais donc des conseils de prudence, tout en l'assurant de mon amour. Mais plus je lui donnais des conseils de ce genre, moins elle était disposée à m'écouter. En même temps je craignais horriblement de l'affliger. Dès que je voyais sur son visage une expression de douleur, sa volonté devenait la mienne : je n'étais à mon aise que lorsqu'elle était contente de moi. Lorsqu'en insistant sur la nécessité de m'éloigner pour quelques instants, j'étais parvenu à la quitter, l'image de la peine que je lui avais causée me suivait partout. Il me prenait une fièvre de remords qui redoublait à chaque minute, et qui enfin devenait irrésistible ; je volais vers elle, je me faisais une fête de la consoler, de l'apaiser. Mais à mesure que je m'approchais de sa demeure, un sentiment d'humeur contre cet empire bizarre se mêlait à mes autres sentiments. Ellénore elle-même était violente. Elle éprouvait, je le crois, pour moi ce qu'elle n'avait éprouvé pour personne. Dans ses relations précédentes, son cœur avait été froissé par une dépendance pénible ; elle était avec moi dans une parfaite aisance, parce que nous étions dans une parfaite égalité ; elle s'était relevée à ses propres yeux, par un amour pur de tout calcul, de tout intérêt : elle savait que j'étais bien sûr qu'elle ne m'aimait que pour moi-même. Mais il résultait de son abandon complet avec moi qu'elle ne me déguisait aucun de ses mouvements ; et lorsque je rentrais dans sa chambre, impatienté d'y rentrer plus tôt que je ne l'aurais voulu, je la trouvais triste, ou irritée. J'avais souffert deux heures loin d'elle de l'idée qu'elle souffrait loin de moi : je souffrais deux heures près d'elle avant de pouvoir l'apaiser.

Cependant je n'étais pas malheureux ; je me disais qu'il était doux d'être aimé, même avec exigence ; je sentais que je lui faisais du bien : son bonheur m'était nécessaire, et je me savais nécessaire à son bonheur.

D'ailleurs, l'idée confuse que, par la seule nature des choses, cette liaison ne pouvait durer, idée triste sous bien des rapports, servait néanmoins à me calmer dans mes accès de fatigue ou d'impatience. Les liens d'Ellénore avec le comte de P***, la disproportion de nos âges, la différence de nos situations, mon départ que déjà diverses circonstances avaient retardé, mais dont l'époque était prochaine, toutes ces considérations m'engageaient à donner et à recevoir encore le plus de bonheur qu'il était possible : je me croyais sûr des années, je ne disputais pas les jours.

Le comte de P*** revint. Il ne tarda pas à soupçonner mes relations avec Ellénore ; il me reçut chaque jour d'un air plus froid et plus sombre. Je parlai vivement à Ellénore des dangers qu'elle courait ; je la suppliai de permettre que j'interrompisse pour quelques jours mes visites ; je lui représentai l'intérêt de sa réputation, de sa fortune, de ses enfants. Elle m'écouta longtemps en silence ; elle était pâle comme la mort. De manière ou d'autre, me dit-elle enfin, vous partirez bientôt ; ne devançons pas ce moment ; ne vous mettez pas en peine de moi. Gagnons des jours, gagnons des heures : des jours, des heures, c'est tout ce qu'il me faut. Je ne sais quel pressentiment me dit, Adolphe, que je mourrai dans vos bras.

Nous continuâmes donc à vivre comme auparavant, moi toujours inquiet, Ellénore toujours triste, le comte de P*** taciturne et soucieux. Enfin la lettre que j'attendais arriva : mon père m'ordonnait de me rendre auprès de lui. Je portai cette lettre à Ellénore. Déjà ! me dit-elle après l'avoir lue ; je ne croyais pas que ce fût sitôt. Puis, fondant en larmes, elle me prit la main et elle me dit : Adolphe, vous voyez que je ne puis vivre sans vous ; je ne sais ce qui arrivera de mon avenir, mais je vous conjure de ne pas partir encore : trouvez des prétextes pour rester. Demandez à votre père de vous laisser prolonger votre séjour encore six mois. Six mois, est-ce donc si long ? Je voulus combattre sa résolution ; mais elle pleurait si amèrement, et elle était si tremblante, ses traits portaient l'empreinte d'une souffrance si déchirante, que je ne pus continuer. Je me jetai à ses pieds, je la serrai dans mes bras, je l'assurai de mon amour, et je sortis pour aller écrire à mon père. J'écrivis en effet avec le mouvement que la douleur d'Ellénore m'avait inspiré. J'alléguai mille causes de retard ; je fis ressortir l'utilité de continuer à D*** quelques cours que je n'avais pu suivre à Gottingue ; et lorsque j'envoyai ma lettre à la poste, c'était avec ardeur que je désirais obtenir le consentement que je demandais.

Je retournai le soir chez Ellénore. Elle était assise sur un sofa ; le comte de P*** était près de la cheminée, et assez loin d'elle ; les deux enfants étaient au fond de la chambre, ne jouant pas, et portant sur leurs visages cet étonnement de l'enfance lorsqu'elle remarque une agitation dont elle ne soupçonne pas la cause. J'instruisis Ellénore par un geste que j'avais fait ce qu'elle voulait. Un rayon de joie brilla dans ses yeux, mais ne tarda pas à disparaître. Nous ne disions rien. Le silence devenait embarrassant pour tous trois. On m'assure, monsieur, me dit enfin le comte, que vous êtes prêt à partir. Je lui répondis que je l'ignorais. Il me semble, répliqua-t-il, qu'à votre âge on ne doit pas tarder à entrer dans une carrière : au reste, ajouta-t-il en regardant Ellénore, tout le monde peut-être ne pense pas ici comme moi.

La réponse de mon père ne se fit pas attendre. Je tremblais, en ouvrant sa lettre, de la douleur qu'un refus causerait à Ellénore. Il me semblait même que j'aurais partagé cette douleur avec une égale amertume ; mais en lisant le consentement qu'il m'accordait, tous les inconvénients d'une prolongation du [1] séjour se présentèrent

1. Les manuscrits, ainsi que l'édition de 1828, portent « de », leçon choisie par les autres éditeurs. On remarquera que l'article défini renvoie ici au terme employé un peu plus haut par Ellénore qui demande à Adolphe de prolonger son séjour, ce qui explique le choix de « du » dans les éditions de 1816 et 1824.

tout à coup à mon esprit. Encore six mois de gêne et de contrainte, m'écriai-je, six mois pendant lesquels j'offense un homme qui m'avait témoigné de l'amitié, j'expose une femme qui m'aime, je cours le risque de lui ravir la seule situation où elle puisse vivre tranquille et considérée, je trompe mon père ; et pourquoi ? pour ne pas braver un instant une douleur qui tôt ou tard est inévitable ! Ne l'éprouvons-nous pas chaque jour en détail et goutte à goutte, cette douleur ? Je ne fais que du mal à Ellénore ; mon sentiment, tel qu'il est, ne peut la satisfaire. Je me sacrifie pour elle sans fruit pour son bonheur ; et moi je vis ici sans utilité, sans indépendance, n'ayant pas un instant de libre, ne pouvant respirer une heure en paix. J'entrai chez Ellénore tout occupé de ces réflexions. Je la trouvai seule. Je reste encore six mois, lui dis-je. – Vous m'annoncez cette nouvelle bien sèchement. – C'est que je crains beaucoup, je l'avoue, les conséquences de ce retard pour l'un et pour l'autre. – Il me semble que pour vous du moins elles ne sauraient être bien fâcheuses. – Vous savez fort bien, Ellénore, que ce n'est jamais de moi que je m'occupe le plus. – Ce n'est guère non plus du bonheur des autres. – La conversation avait pris une direction orageuse. Ellénore était blessée de mes regrets dans une circonstance où elle croyait que je devais partager sa joie : je l'étais du triomphe qu'elle avait remporté sur mes résolutions précédentes. La scène devint violente. Nous éclatâmes en reproches mutuels. Ellénore m'accusa de l'avoir trompée, de n'avoir eu pour elle qu'un goût passager, d'avoir aliéné d'elle l'affection du comte, de l'avoir remise, aux yeux du public, dans la situation équivoque dont elle avait cherché toute sa vie à sortir. Je m'irritai de voir qu'elle tournât contre moi ce que je n'avais fait que par obéissance pour elle et par crainte de l'affliger. Je me plaignis de ma vive contrainte, de ma jeunesse consumée dans l'inaction, du despotisme qu'elle exerçait sur toutes mes démarches. En parlant ainsi, je vis son visage couvert tout à coup de pleurs : je m'arrêtai, je revins sur mes pas, je désavouai, j'expliquai. Nous nous embrassâmes : mais un premier coup était porté, une première barrière était franchie. Nous avions prononcé tous deux des mots irréparables ; nous pouvions nous taire, mais non les oublier. Il y a des choses qu'on est longtemps sans se dire, mais quand une fois elles sont dites, on ne cesse jamais de les répéter.

Nous vécûmes ainsi quatre mois dans des rapports forcés, quelquefois doux, jamais complètement libres ; y rencontrant encore du plaisir, mais n'y trouvant plus de charme. Ellénore cependant ne se détachait pas de moi. Après nos querelles les plus vives, elle était aussi empressée à me revoir, elle fixait aussi soigneusement l'heure de nos entrevues que si notre union eût été la plus paisible et la plus tendre. J'ai souvent pensé que ma conduite même contribuait à entretenir Ellénore dans cette disposition. Si je l'avais aimée comme elle m'aimait, elle aurait eu plus de calme ; elle aurait réfléchi de son côté sur les dangers qu'elle bravait. Mais toute prudence lui était odieuse, parce que la prudence venait de moi ; elle ne calculait point ses sacrifices, parce qu'elle était tout occupée à me les faire accepter ; elle n'avait pas le temps de se refroidir à mon égard, parce que tout son temps et toutes ses forces étaient employés à me conserver. L'époque fixée de nouveau pour mon départ approchait ; et j'éprouvais, en y pensant, un mélange de plaisir et de regret : semblable à ce que ressent un homme qui doit acheter une guérison certaine par une opération douloureuse.

Un matin, Ellénore m'écrivit de passer chez elle à l'instant. Le comte, me dit-elle, me défend de vous recevoir : je ne veux point obéir à cet ordre tyrannique. J'ai suivi cet homme dans la proscription [1], j'ai sauvé sa fortune ; je l'ai servi dans tous ses intérêts. Il peut se passer de moi maintenant : moi, je ne puis me passer de vous. On devine facilement quelles furent mes instances pour la détourner d'un projet que je ne concevais pas. Je lui

---

1. Dans *M1* et *M2*, Constant précisait : « tyrannique. Depuis longtemps tout rapport intime a cessé entre cet homme et moi. Je l'ai suivi dans la proscription ».

parlai de l'opinion du public : Cette opinion, me répondit-elle, n'a jamais été juste pour moi. J'ai rempli pendant dix ans mes devoirs mieux qu'aucune femme, et cette opinion ne m'en a pas moins repoussée du rang que je méritais. Je lui rappelai ses enfants. – Mes enfants sont ceux de M. de P***. Il les a reconnus : il en aura soin. Ils seront trop heureux d'oublier une mère dont ils n'ont à partager que la honte. – Je redoublai mes prières. Écoutez, me dit-elle ; si je romps avec le comte, refuserez-vous de me voir ? Le refuserez-vous ? reprit-elle en saisissant mon bras avec une violence qui me fit frémir. – Non, assurément, lui répondis-je ; et plus vous serez malheureuse, plus je vous serai dévoué. Mais considérez... – Tout est considéré, interrompit-elle. Il va rentrer, retirez-vous maintenant ; ne revenez plus ici.

Je passai le reste de la journée dans une angoisse inexprimable. Deux jours s'écoulèrent sans que j'entendisse parler d'Ellénore. Je souffrais d'ignorer son sort ; je souffrais même de ne pas la voir, et j'étais étonné de la peine que cette privation me causait. Je désirais cependant qu'elle eût renoncé à la résolution que je craignais tant pour elle, et je commençais à m'en flatter, lorsqu'une femme me remit un billet par lequel Ellénore me priait d'aller la voir dans telle rue, dans telle maison, au troisième étage. J'y courus, espérant encore que, ne pouvant me recevoir chez M. de P***, elle avait voulu m'entretenir ailleurs une dernière fois. Je la trouvai faisant les apprêts d'un établissement durable. Elle vint à moi, d'un air à la fois content et timide, cherchant à lire dans mes yeux mon impression. Tout est rompu, me dit-elle, je suis parfaitement libre. J'ai de ma fortune particulière soixante-quinze louis de rente, c'est assez pour moi. Vous restez encore ici six semaines. Quand vous partirez, je pourrai peut-être me rapprocher de vous ; vous reviendrez peut-être me voir. Et, comme si elle eût redouté une réponse, elle entra dans une foule de détails relatifs à ses projets. Elle chercha de mille manières à me persuader qu'elle serait heureuse ; qu'elle ne m'avait rien sacrifié ; que le parti qu'elle avait pris lui convenait, indépendamment de moi. Il était visible qu'elle se faisait un grand effort, et qu'elle ne croyait qu'à moitié ce qu'elle me disait. Elle s'étourdissait de ses paroles, de peur d'entendre les miennes ; elle prolongeait son discours avec activité pour retarder le moment où mes objections la replongeraient dans le désespoir. Je ne pus trouver dans mon cœur de lui en faire aucune. J'acceptai son sacrifice, je l'en remerciai ; je lui dis que j'en étais heureux : je lui dis bien plus encore ; je l'assurai que j'avais toujours désiré qu'une détermination irréparable me fît un devoir de ne jamais la quitter ; j'attribuai mes indécisions à un sentiment de délicatesse qui me défendait de consentir à ce qui bouleversait sa situation. Je n'eus, en un mot, d'autre pensée que de chasser loin d'elle toute peine, toute crainte, tout regret, toute incertitude sur mon sentiment. Pendant que je lui parlais, je n'envisageais rien au-delà de ce but, et j'étais sincère dans mes promesses.

CHAPITRE V

La séparation d'Ellénore et du comte de P*** produisit dans le public un effet qu'il n'était pas difficile de prévoir. Ellénore perdit en un instant le fruit de dix années de dévouement et de constance : on la confondit avec toutes les femmes de sa classe qui se livrent sans scrupule à mille inclinations successives. L'abandon de ses enfants la fit regarder comme une mère dénaturée : et les femmes d'une réputation irréprochable répétèrent avec satisfaction que l'oubli de la vertu la plus essentielle à leur sexe s'étendait bientôt sur toutes les autres. En même temps on la plaignit, pour ne pas perdre le plaisir de me blâmer. On vit dans ma conduite celle d'un séducteur, d'un ingrat, qui avait violé l'hospitalité, et sacrifié, pour contenter une fantaisie momentanée, le repos de deux personnes, dont il aurait dû respecter l'une, et ménager l'autre. Quelques amis de mon père m'adressèrent des représentations sérieuses ; d'autres, moins libres avec moi, me firent sentir leur désapprobation par des insinuations détournées. Les jeunes gens, au contraire, se montrèrent enchantés de l'adresse avec laquelle j'avais supplanté le comte ; et par mille plaisanteries que je voulais en vain réprimer, ils me félicitèrent de ma conquête, et me promirent de m'imiter. Je ne saurais peindre ce que j'eus à souffrir et de cette censure sévère et de ces honteux éloges. Je suis convaincu que, si j'avais eu de l'amour pour Ellénore, j'aurais ramené l'opinion sur elle et sur moi. Telle est la force d'un sentiment vrai, que, lorsqu'il parle, les interprétations fausses et les convenances factices se taisent. Mais je n'étais qu'un homme faible, reconnaissant et dominé ; je n'étais soutenu par aucune impulsion qui partît du cœur. Je m'exprimais donc avec embarras ; je tâchais de finir la conversation ; et si elle se prolongeait, je la terminais par quelques mots âpres, qui annonçaient aux autres que j'étais prêt à leur chercher querelle. En effet, j'aurais beaucoup mieux aimé me battre avec eux que leur répondre.

Ellénore ne tarda pas à s'apercevoir que l'opinion s'élevait contre elle. Deux parentes de M. de P***, qu'il avait forcées par son ascendant à se lier avec elle, mirent le plus grand éclat dans leur rupture ; heureuses de se livrer à leur malveillance, longtemps contenue, à l'abri des principes austères de la morale. Les hommes continuèrent à voir Ellénore ; mais il s'introduisit dans leur ton quelque chose d'une familiarité qui annonçait qu'elle n'était plus appuyée par un protecteur puissant, ni justifiée par une union presque consacrée. Les uns venaient chez elle parce que, disaient-ils, ils l'avaient connue de tout temps ; les autres, parce qu'elle était belle encore, et que sa légèreté récente leur avait rendu des prétentions qu'ils ne cherchaient pas à lui déguiser. Chacun motivait sa liaison avec elle ; c'est-à-dire que chacun pensait que cette liaison avait besoin d'excuse. Ainsi la malheureuse Ellénore se voyait tombée pour jamais dans l'état dont, toute sa vie, elle avait voulu sortir. Tout contribuait à froisser son âme et à blesser sa fierté. Elle envisageait l'abandon des uns comme une preuve de mépris, l'assiduité des autres comme l'indice de quelque espérance insultante. Elle souffrait de la solitude, elle rougissait de la société. Ah ! sans doute, j'aurais dû la consoler, j'aurais dû la serrer contre mon cœur, lui dire : Vivons l'un pour l'autre, oublions des hommes qui nous méconnaissent, soyons heureux de notre seule estime et de notre seul amour : je l'essayais aussi ; mais que peut, pour ranimer un sentiment qui s'éteint, une résolution prise par devoir ?

Ellénore et moi nous dissimulions l'un avec l'autre. Elle n'osait me confier des peines, résultat d'un sacrifice qu'elle savait bien que je ne lui avais pas demandé. J'avais accepté ce sacrifice : je n'osais me plaindre d'un malheur que j'avais prévu, et que je n'avais pas eu la force de prévenir. Nous nous taisions donc sur la pensée unique qui nous occupait constamment. Nous nous prodiguions des caresses, nous parlions d'amour ; mais nous parlions d'amour de peur de nous parler d'autre chose.

Dès qu'il existe un secret entre deux cœurs qui s'aiment, dès que l'un d'eux a pu se résoudre à cacher à l'autre une seule idée, le charme est rompu, le bonheur est détruit. L'emportement, l'injustice, la distraction même, se réparent ; mais la dissimulation jette dans l'amour un élément étranger qui le dénature et le flétrit à ses propres yeux.

Par une inconséquence bizarre, tandis que je repoussais avec l'indignation la plus violente la moindre insinuation contre Ellénore, je contribuais moi-même à lui faire tort dans mes conversations générales. Je m'étais soumis à ses volontés, mais j'avais pris en horreur l'empire des femmes. Je ne cessais de déclamer contre leur faiblesse, leur exigence, le despotisme de leur douleur. J'affichais les principes les plus durs ; et ce même homme qui ne résistait pas à une larme, qui cédait à la tristesse muette, qui était poursuivi dans l'absence par l'image de la souffrance qu'il avait causée, se montrait, dans tous ses discours, méprisant et impitoyable. Tous mes éloges directs en faveur d'Ellénore ne détruisaient pas l'impression que produisaient des propos semblables. On me haïssait, on la plaignait, mais on ne l'estimait pas. On s'en prenait à elle de n'avoir pas inspiré à son amant plus de considération pour son sexe et plus de respect pour les liens du cœur.

Un homme, qui venait habituellement chez Ellénore, et qui, depuis sa rupture avec le comte de P***, lui avait témoigné la passion la plus vive, l'ayant forcée par ses persécutions indiscrètes à ne plus le recevoir, se permit contre elle des railleries outrageantes qu'il me parut impossible de souffrir. Nous nous battîmes ; je le blessai dangereusement, je fus blessé moi-même. Je ne puis décrire le mélange de trouble, de terreur, de reconnaissance et d'amour, qui se peignit sur les traits d'Ellénore lorsqu'elle me revit après cet événement. Elle s'établit chez moi, malgré mes prières ; elle ne me quitta pas un seul instant, jusqu'à ma convalescence. Elle me lisait pendant le jour, elle me veillait durant la plus grande partie des nuits ; elle observait mes moindres mouvements, elle prévenait chacun de mes désirs ; son ingénieuse bonté multipliait ses facultés et doublait ses forces. Elle m'assurait sans cesse qu'elle ne m'aurait pas survécu : j'étais pénétré d'affection, j'étais déchiré de remords. J'aurais voulu trouver en moi de quoi récompenser un attachement si constant et si tendre ; j'appelais à mon aide les souvenirs, l'imagination, la raison même, le sentiment du devoir : efforts inutiles ! la difficulté de la situation, la certitude d'un avenir qui devait nous séparer, peut-être je ne sais quelle révolte contre un lien qu'il m'était impossible de briser, me dévoraient intérieurement. Je me reprochais l'ingratitude que je m'efforçais de lui cacher. Je m'affligeais quand elle paraissait douter d'un amour qui lui était si nécessaire ; je ne m'affligeais pas moins quand elle semblait y croire. Je la sentais meilleure que moi ; je me méprisais d'être indigne d'elle. C'est un affreux malheur de n'être pas aimé quand on aime ; mais c'en est un bien grand d'être aimé avec passion quand on n'aime plus [1]. Cette vie que je venais d'exposer pour Ellénore, je l'aurais mille fois donnée pour qu'elle fût heureuse sans moi.

Les six mois que m'avait accordés mon père étaient expirés ; il fallut songer à partir. Ellénore ne s'opposa point à mon départ, elle n'essaya pas même de le retarder ; mais elle me fit promettre que, deux mois après, je reviendrais près d'elle, ou que je lui permettrais de me rejoindre : je le lui jurai solennellement. Quel engagement n'aurais-je pas pris dans un moment où je la voyais lutter contre elle-même et contenir sa douleur ? Elle aurait pu exiger de moi de ne pas la quitter ; je savais au fond de mon âme que ses larmes n'auraient pas été désobéies. J'étais reconnaissant de ce qu'elle n'exerçait pas sa puissance ; il me semblait que je l'en aimais mieux. Moi-même, d'ailleurs, je ne me séparais pas sans un vif regret d'un être qui m'était si uniquement dévoué. Il y a dans les liaisons qui se prolongent quelque chose de si profond ! Elles deviennent à notre insu une partie si intime de notre existence ! Nous formons de loin, avec calme, la résolution de les rompre ; nous croyons attendre avec impatience l'époque de l'exécuter : mais quand ce moment arrive, il nous remplit de terreur ; et telle est la bizarrerie de notre cœur misérable, que nous quittons avec un déchirement horrible ceux près de qui nous demeurions sans plaisir.

Pendant mon absence, j'écrivis régulièrement à Ellénore. J'étais partagé entre la crainte que mes lettres ne lui fissent de la peine, et le désir de ne lui peindre que le sentiment que j'éprouvais. J'aurais voulu qu'elle me devinât, mais qu'elle me devinât sans s'affliger ; je me félicitais quand j'avais pu substituer les mots d'affection, d'amitié, de dévouement, à celui d'amour ; mais soudain je me représentais la pauvre Ellénore triste et isolée,

---

1. On trouve dans *Amélie et Germaine* une idée similaire, mais dans une formulation moins travaillée : « C'est une relation terrible que celle d'un homme qui n'aime plus et d'une femme qui ne veut pas cesser d'être aimée » (§ 26).

n'ayant que mes lettres pour consolation ; et, à la fin de deux pages froides et compassées, j'ajoutais rapidement quelques phrases ardentes ou tendres, propres à la tromper de nouveau. De la sorte, sans en dire jamais assez pour la satisfaire, j'en disais toujours assez pour l'abuser. Étrange espèce de fausseté, dont le succès même se tournait contre moi, prolongeait mon angoisse, et m'était insupportable [1] !

Je comptais avec inquiétude les jours, les heures qui s'écoulaient ; je ralentissais de mes vœux la marche du temps ; je tremblais en voyant se rapprocher l'époque d'exécuter ma promesse. Je n'imaginais aucun moyen de partir. Je n'en découvrais aucun pour qu'Ellénore pût s'établir dans la même ville que moi. Peut-être, car il faut être sincère, peut-être je ne le désirais pas. Je comparais ma vie indépendante et tranquille à la vie de précipitation, de trouble et de tourment à laquelle sa passion me condamnait. Je me trouvais si bien d'être libre, d'aller, de venir, de sortir, de rentrer, sans que personne s'en occupât ! je me reposais, pour ainsi dire, dans l'indifférence des autres, de la fatigue de son amour.

Je n'osai cependant laisser soupçonner à Ellénore que j'aurais voulu renoncer à nos projets. Elle avait compris par mes lettres qu'il me serait difficile de quitter mon père ; elle m'écrivit qu'elle commençait en conséquence les préparatifs de son départ. Je fus longtemps sans combattre sa résolution ; je ne lui répondais rien de précis à ce sujet. Je lui marquais vaguement que je serais toujours charmé de la savoir, puis j'ajoutais, de la rendre heureuse : tristes équivoques, langage embarrassé, que je gémissais de voir si obscur, et que je tremblais de rendre plus clair ! Je me déterminai enfin à lui parler avec franchise ; je me dis que je le devais ; je soulevai ma conscience contre ma faiblesse ;

1. Voir ce commentaire dans le « Journal abrégé » à propos de son attitude avec Germaine de Staël : « Ma fausseté, que je prolonge par affection pour elle, me fait rougir. Mon calcul a été généreux, mais mauvais pour moi » (*Journaux intimes*, 10 février 1807, *op. cit.*, p. 615). C'est un exemple de la manière dont la fiction se nourrit de situations qui ont connu une première élaboration narrative dans le journal.

je me fortifiai de l'idée de son repos contre l'image de sa douleur. Je me promenais à grands pas dans ma chambre, récitant tout haut ce que je me proposais de lui dire. Mais à peine eus-je tracé quelques lignes, que ma disposition changea : je n'envisageai plus mes paroles d'après le sens qu'elles devaient contenir, mais d'après l'effet qu'elles ne pouvaient manquer de produire ; et une puissance surnaturelle dirigeant, comme malgré moi, ma main dominée, je me bornai à lui conseiller un retard de quelques mois. Je n'avais pas dit ce que je pensais. Ma lettre ne portait aucun caractère de sincérité. Les raisonnements que j'alléguais étaient faibles, parce qu'ils n'étaient pas les véritables.

La réponse d'Ellénore fut impétueuse ; elle était indignée de mon désir de ne pas la voir. Que me demandait-elle ? De vivre inconnue auprès de moi. Que pouvais-je redouter de sa présence dans une retraite ignorée, au milieu d'une grande ville où personne ne la connaissait ? Elle m'avait tout sacrifié, fortune, enfants, réputation ; elle n'exigeait d'autre prix de ses sacrifices que de m'attendre comme une humble esclave, de passer chaque jour avec moi quelques minutes, de jouir des moments que je pourrais lui donner [1]. Elle s'était résignée à deux mois d'absence, non que cette absence lui parût nécessaire, mais parce que je semblais le souhaiter ; et lorsqu'elle était parvenue, en entassant péniblement les jours sur les jours, au terme que j'avais fixé moi-même, je lui proposais de recommencer ce long supplice ! Elle pouvait s'être trompée, elle pouvait avoir donné sa vie à

---

1. Cette soumission volontaire de la femme, victime sacrificielle, donne une dimension sado-masochiste à la relation sentimentale et y introduit des enjeux de pouvoir. De la même manière, Cécile, pour marquer son amour, fait acte de soumission : « Je vous regarde donc à jamais comme mon mari, comme mon maître. C'est désormais à vous à me dicter mes moindres démarches. Je vous obéirai en tout. Tout ce que vous m'ordonnerez, je le ferai ; vous êtes seul chargé de ma vie, et je n'ai plus d'autres devoirs que la fidélité et la soumission » (*Cécile*, *op. cit.*, p. 165). Et le dilemme entre *Amélie et Germaine* se pose entre la femme « dont l'existence inoffensive se plie sans effort à la mienne » (§ 1) et celle qui impose sa volonté – le dilemme porte moins sur la personne que sur le mode du rapport : domination ou soumission ?

un homme dur et aride ; j'étais le maître de mes actions ; mais je n'étais pas le maître de la forcer à souffrir, délaissée par celui pour lequel elle avait tout immolé.

Ellénore suivit de près cette lettre ; elle m'informa de son arrivée. Je me rendis chez elle avec la ferme résolution de lui témoigner beaucoup de joie ; j'étais impatient de rassurer son cœur et de lui procurer, momentanément au moins, du bonheur ou du calme. Mais elle avait été blessée ; elle m'examinait avec défiance : elle démêla bientôt mes efforts ; elle irrita ma fierté par ses reproches ; elle outragea [1] mon caractère. Elle me peignit si misérable dans ma faiblesse, qu'elle me révolta contre elle encore plus que contre moi. Une fureur insensée s'empara de nous : tout ménagement fut abjuré, toute délicatesse oubliée. On eût dit que nous étions poussés l'un contre l'autre par des furies. Tout ce que la haine la plus implacable avait inventé contre nous, nous nous l'appliquions mutuellement : et ces deux êtres malheureux, qui seuls se connaissaient sur la terre, qui seuls pouvaient se rendre justice, se comprendre et se consoler, semblaient deux ennemis irréconciliables, acharnés à se déchirer.

Nous nous quittâmes après une scène de trois heures ; et, pour la première fois de la vie, nous nous quittâmes sans explication, sans réparation. À peine fus-je éloigné d'Ellénore qu'une douleur profonde remplaça ma colère. Je me trouvai dans une espèce de stupeur, tout étourdi de ce qui s'était passé. Je me répétais mes paroles avec étonnement ; je ne concevais pas ma conduite ; je cherchais en moi-même ce qui avait pu m'égarer.

Il était fort tard ; je n'osai retourner chez Ellénore. Je me promis de la voir le lendemain de bonne heure, et je rentrai chez mon père. Il y avait beaucoup de monde ; il me fut facile, dans une assemblée nombreuse, de me tenir à l'écart, et de déguiser mon trouble. Lorsque nous fûmes seuls, il me dit : On m'assure que l'ancienne maîtresse du comte de P*** est dans cette ville. Je vous ai toujours laissé

---

1. Au sens d'offenser, d'injurier gravement, comme on outrage la mémoire ou la réputation de quelqu'un.

une grande liberté, et je n'ai jamais rien voulu savoir sur vos liaisons : mais il ne vous convient pas, à votre âge, d'avoir une maîtresse avouée ; et je vous avertis que j'ai pris des mesures pour qu'elle s'éloigne d'ici. En achevant ces mots, il me quitta. Je le suivis jusque dans sa chambre ; il me fit signe de me retirer. Mon père, lui dis-je, Dieu m'est témoin que je n'ai point fait venir Ellénore : Dieu m'est témoin que je voudrais qu'elle fût heureuse, et que je consentirais à ce prix à ne jamais la revoir : mais prenez garde à ce que vous ferez ; en croyant me séparer d'elle, vous pourriez bien m'y rattacher à jamais.

Je fis aussitôt venir chez moi un valet de chambre qui m'avait accompagné dans mes voyages, et qui connaissait mes liaisons avec Ellénore. Je le chargeai de découvrir à l'instant même, s'il était possible, quelles étaient les mesures dont mon père m'avait parlé. Il revint au bout de deux heures. Le secrétaire de mon père lui avait confié, sous le sceau du secret, qu'Ellénore devait recevoir le lendemain l'ordre de partir [1]. Ellénore chassée ! m'écriai-je, chassée avec opprobre ! elle qui n'est venue ici que pour moi, elle dont j'ai déchiré le cœur, elle dont j'ai sans pitié vu couler les larmes ! Où donc reposerait-elle sa tête, l'infortunée, errante et seule dans un monde dont je lui ai ravi l'estime ? à qui dirait-elle sa douleur ? Ma résolution fut bientôt prise. Je gagnai l'homme qui me servait ; je lui prodiguai l'or et les promesses. Je commandai une chaise de poste pour six heures du matin à la porte de la ville. Je formais mille projets pour mon éternelle réunion avec Ellénore : je l'aimais plus que je ne l'avais jamais aimée ; tout mon cœur était revenu à elle ; j'étais fier de la protéger. J'étais avide de la tenir dans mes bras ; l'amour était rentré tout entier dans mon âme ; j'éprouvais une fièvre de tête, de cœur, de sens, qui bouleversait mon existence. Si, dans ce moment, Ellénore eût voulu se détacher de moi, je serais mort à ses pieds pour la retenir.

---

1. Bannie sans aucun grief, par pur « bon plaisir » du père : la société d'*Adolphe* est bien celle du despotisme et de l'arbitraire patriarcal.

Le jour parut ; je courus chez Ellénore. Elle était couchée, ayant passé la nuit à pleurer ; ses yeux étaient encore humides et ses cheveux étaient épars ; elle me vit entrer avec surprise. Viens, lui dis-je, partons. Elle voulut répondre. Partons, repris-je : as-tu sur la terre un autre protecteur, un autre ami que moi ? mes bras ne sont-ils pas ton unique asile ? Elle résistait. J'ai des raisons importantes, ajoutai-je, et qui me sont personnelles. Au nom du ciel, suis-moi ; je l'entraînai. Pendant la route, je l'accablais de caresses, je la pressais sur mon cœur, je ne répondais à ses questions que par mes embrassements. Je lui dis enfin qu'ayant aperçu dans mon père l'intention de nous séparer, j'avais senti que je ne pouvais être heureux sans elle, que je voulais lui consacrer ma vie et nous unir par tous les genres de liens. Sa reconnaissance fut d'abord extrême, mais elle démêla bientôt des contradictions dans mon récit. À force d'instances elle m'arracha la vérité ; sa joie disparut, sa figure se couvrit d'un sombre nuage. Adolphe, me dit-elle, vous vous trompez sur vous-même ; vous êtes généreux, vous vous dévouez à moi parce que je suis persécutée ; vous croyez avoir de l'amour, et vous n'avez que de la pitié. Pourquoi prononça-t-elle ces mots funestes ? pourquoi me révéla-t-elle un secret que je voulais ignorer ? Je m'efforçai de la rassurer, j'y parvins peut-être ; mais la vérité avait traversé mon âme : le mouvement était détruit ; j'étais déterminé dans mon sacrifice, mais je n'en étais plus heureux ; et déjà il y avait en moi une pensée que de nouveau j'étais réduit à cacher.

Chapitre VI

Quand nous fûmes arrivés sur les frontières, j'écrivis à mon père. Ma lettre fut respectueuse, mais il y avait un fond d'amertume. Je lui savais mauvais gré d'avoir resserré mes liens en prétendant les rompre. Je lui annonçais que je ne quitterais Ellénore que lorsque, convenablement fixée, elle n'aurait plus besoin de moi. Je le suppliais de ne pas me forcer, en s'acharnant sur elle, à lui rester toujours attaché. J'attendis sa réponse pour prendre une détermination sur notre établissement. « Vous avez vingt-quatre ans, me répondit-il : je n'exercerai pas contre vous une autorité qui touche à son terme, et dont je n'ai jamais fait usage ; je cacherai même, autant que je le pourrai, votre étrange démarche ; je répandrai le bruit que vous êtes parti par mes ordres et pour mes affaires. Je subviendrai libéralement à vos dépenses. Vous sentirez vous-même bientôt que la vie que vous menez n'est pas celle qui vous convenait. Votre naissance, vos talents, votre fortune, vous assignaient dans le monde une autre place que celle de compagnon d'une femme sans patrie et sans aveu. Votre lettre me prouve déjà que vous n'êtes pas content de vous. Songez que l'on ne gagne rien à prolonger une situation dont on rougit. Vous consumez inutilement les plus belles années de votre jeunesse, et cette perte est irréparable. »

La lettre de mon père me perça de mille coups de poignard. Je m'étais dit cent fois ce qu'il me disait ; j'avais eu cent fois honte de ma vie s'écoulant dans l'obscurité et dans l'inaction. J'aurais mieux aimé des reproches, des menaces ; j'aurais mis quelque gloire à résister, et j'aurais senti la nécessité de rassembler mes forces pour défendre Ellénore des périls qui l'auraient assaillie. Mais il n'y avait point de périls : on me laissait parfaitement libre ; et cette liberté ne me servait qu'à porter plus impatiemment le joug que j'avais l'air de choisir.

Nous nous fixâmes à Caden[1], petite ville de la Bohême. Je me répétai que, puisque j'avais pris la responsabilité du sort d'Ellénore, il ne fallait pas la faire souffrir. Je parvins à me contraindre ; je renfermai dans mon sein jusqu'aux moindres signes de mécontentement, et toutes les ressources de mon esprit furent employées à me créer une gaieté factice qui pût voiler ma profonde

---

1. Paul Delbouille a identifié cette ville en Bohême sous le nom de Kadan ou Kaaden (éd. citée, p. 231).

tristesse. Ce travail eut sur moi-même un effet inespéré. Nous sommes des créatures tellement mobiles, que les sentiments que nous feignons, nous finissons par les éprouver. Les chagrins que je cachais, je les oubliais en partie. Mes plaisanteries perpétuelles dissipaient ma propre mélancolie ; et les assurances de tendresse dont j'entretenais Ellénore répandaient dans mon cœur une émotion douce qui ressemblait presque à l'amour.

De temps en temps des souvenirs importuns venaient m'assiéger. Je me livrais, quand j'étais seul, à des accès d'inquiétude ; je formais mille plans bizarres, pour m'élancer tout à coup hors de la sphère dans laquelle j'étais déplacé. Mais je repoussais ces impressions comme de mauvais rêves. Ellénore paraissait heureuse ; pouvais-je troubler son bonheur ? Près de cinq mois se passèrent de la sorte.

Un jour, je vis Ellénore agitée et cherchant à me taire une idée qui l'occupait. Après de longues sollicitations, elle me fit promettre que je ne combattrais point la résolution qu'elle avait prise, et m'avoua que M. de P*** lui avait écrit : son procès était gagné ; il se rappelait avec reconnaissance les services qu'elle lui avait rendus, et leur liaison de dix années. Il lui offrait la moitié de sa fortune, non pour se réunir avec elle, ce qui n'était plus possible, mais à condition qu'elle quitterait l'homme ingrat et perfide qui les avait séparés. J'ai répondu, me dit-elle, et vous devinez bien que j'ai refusé. Je ne le devinais que trop. J'étais touché, mais au désespoir du nouveau sacrifice que me faisait Ellénore. Je n'osai toutefois lui rien objecter : mes tentatives en ce sens avaient toujours été tellement infructueuses ! Je m'éloignai pour réfléchir au parti que j'avais à prendre. Il m'était clair que nos liens devaient se rompre. Ils étaient douloureux pour moi, ils lui devenaient nuisibles ; j'étais le seul obstacle à ce qu'elle retrouvât un état convenable, et la considération qui, dans le monde, suit tôt ou tard l'opulence ; j'étais la seule barrière entre elle et ses enfants : je n'avais plus d'excuse à mes propres yeux. Lui céder dans cette circonstance n'était plus de la générosité, mais une coupable faiblesse. J'avais promis à mon père de redevenir libre aussitôt que je ne serais plus nécessaire à Ellénore. Il était temps enfin d'entrer dans une carrière, de commencer une vie active, d'acquérir quelques titres à l'estime des hommes, de faire un noble usage de mes facultés. Je retournai chez Ellénore, me croyant inébranlable dans le dessein de la forcer à ne pas rejeter les offres du comte de P***, et pour lui déclarer, s'il le fallait, que je n'avais plus d'amour pour elle. Chère amie, lui dis-je, on lutte quelque temps contre sa destinée, mais on finit toujours par céder. Les lois de la société sont plus fortes que les volontés des hommes ; les sentiments les plus impérieux se brisent contre la fatalité des circonstances. En vain l'on s'obstine à ne consulter que son cœur ; on est condamné tôt ou tard à écouter la raison. Je ne puis vous retenir plus longtemps dans une position également indigne de vous et de moi ; je ne le puis ni pour vous ni pour moi-même. À mesure que je parlais, sans regarder Ellénore, je sentais mes idées devenir plus vagues et ma résolution faiblir. Je voulus ressaisir mes forces, et je continuai d'une voix précipitée : Je serai toujours votre ami ; j'aurai toujours pour vous l'affection la plus profonde. Les deux années de notre liaison ne s'effaceront pas de ma mémoire ; elles seront à jamais l'époque la plus belle de ma vie. Mais l'amour, ce transport des sens, cette ivresse involontaire, cet oubli de tous les intérêts, de tous les devoirs, Ellénore, je ne l'ai plus. J'attendis longtemps sa réponse sans lever les yeux sur elle. Lorsqu'enfin je la regardai, elle était immobile ; elle contemplait tous les objets comme si elle n'en eût reconnu aucun. Je pris sa main ; je la trouvai froide. Elle me repoussa. Que me voulez-vous ? me dit-elle ; ne suis-je pas seule, seule dans l'univers, seule sans un être qui m'entende ? Qu'avez-vous encore à me dire ? ne m'avez-vous pas tout dit ? tout n'est-il pas fini, fini sans retour ? Laissez-moi, quittez-moi ; n'est-ce pas là ce que vous désirez ? Elle voulut s'éloigner, elle chancela ; j'essayai de la retenir, elle tomba sans connaissance à mes pieds : je la relevai, je l'embrassai, je rappelai ses sens. Ellénore, m'écriai-je, revenez à vous, revenez à moi ; je vous aime d'amour, de l'amour le plus tendre. Je vous avais trompée pour que vous fussiez plus libre dans votre choix. – Crédulités du cœur, vous êtes inexplicables ! Ces simples paroles, démenties par tant de paroles précédentes, rendirent Ellénore à la vie et à la confiance ; elle me les fit répéter plusieurs fois : elle semblait les respirer avec avidité. Elle me crut : elle s'enivra de son amour, qu'elle prenait pour le nôtre ; elle confirma sa réponse au comte de P***, et je me vis plus engagé que jamais.

Trois mois après, une nouvelle possibilité de changement s'annonça dans la situation d'Ellénore. Une de ces vicissitudes communes dans les républiques que des factions agitent, rappela son père en Pologne, et le rétablit dans ses biens. Quoiqu'il ne connût qu'à peine sa fille, que sa mère avait emmenée en France à l'âge de trois ans, il désira la fixer auprès de lui. Le bruit des aventures d'Ellénore ne lui était parvenu que vaguement en Russie, où, pendant son exil, il avait toujours habité. Ellénore était son enfant unique : il avait peur de l'isolement, il voulait être soigné ; il ne chercha qu'à découvrir la demeure de sa fille, et, dès qu'il l'eut apprise, il l'invita vivement à venir le joindre. Elle ne pouvait avoir d'attachement réel pour un père qu'elle ne se souvenait pas d'avoir vu. Elle sentait néanmoins qu'il était de son devoir d'obéir ; elle assurait de la sorte à ses enfants une grande fortune, et remontait elle-même au rang que lui avaient ravi ses malheurs et sa conduite ; mais elle me déclara positivement qu'elle n'irait en Pologne que si je l'accompagnais. Je ne suis plus, me dit-elle, dans l'âge où l'âme s'ouvre à des impressions nouvelles. Mon père [1] est un inconnu pour moi. Si je reste ici, d'autres l'entoureront avec empressement ; il en sera tout aussi heureux. Mes enfants auront la fortune de M. de P***. Je sais bien que je serai généralement blâmée ; je passerai pour

---

1. Le texte des manuscrits donnait une version moins éthérée : « dans l'âge où l'on forme des liens nouveaux. Mon père ». Correction effectuée après lectures dans les salons ?

une fille ingrate et pour une mère peu sensible : mais j'ai trop souffert ; je ne suis plus assez jeune pour que l'opinion du monde ait une grande puissance sur moi. S'il y a dans ma résolution quelque chose de dur, c'est à vous, Adolphe, que vous devez vous en prendre. Si je pouvais me faire illusion sur vous, je consentirais peut-être à une absence, dont l'amertume serait diminuée par la perspective d'une réunion douce et durable ; mais vous ne demanderiez [1] pas mieux que de me supposer à deux cents lieues de vous, contente et tranquille, au sein de ma famille et de l'opulence. Vous m'écririez là-dessus des lettres raisonnables que je vois d'avance : elles déchireraient mon cœur ; je ne veux pas m'y exposer. Je n'ai pas la consolation de me dire que, par le sacrifice de toute ma vie, je sois parvenue à vous inspirer le sentiment que je méritais ; mais enfin vous l'avez accepté ce sacrifice. Je souffre déjà suffisamment par l'aridité de vos manières et la sécheresse de nos rapports ; je subis ces souffrances que vous m'infligez ; je ne veux pas en braver de volontaires.

Il y avait dans la voix et dans le ton d'Ellénore je ne sais quoi d'âpre et de violent qui annonçait plutôt une détermination ferme qu'une émotion profonde ou touchante. Depuis quelque temps elle s'irritait d'avance lorsqu'elle me demandait quelque chose, comme si je le lui avais déjà refusé. Elle disposait de mes actions, mais elle savait que mon jugement les démentait. Elle aurait voulu pénétrer dans le sanctuaire intime de ma pensée, pour y briser une opposition sourde qui la révoltait contre moi. Je lui parlai de ma situation, du vœu de mon père, de mon propre désir ; je priai, je m'emportai. Ellénore fut inébranlable. Je voulus réveiller sa générosité, comme si l'amour n'était pas de tous les sentiments le plus égoïste, et, par conséquent, lorsqu'il est blessé, le

1. *Var.* (*M1* et *M2*) : « douce et durable. Mais au point où nous en sommes, toute séparation entre nous serait une séparation éternelle. Vous n'êtes retenu près de moi que par la crainte de ma douleur. Vous ne demanderiez ».

moins généreux. Je tâchai, par un effort bizarre, de l'attendrir sur le malheur que j'éprouvais en restant près d'elle ; je ne parvins qu'à l'exaspérer. Je lui promis d'aller la voir en Pologne ; mais elle ne vit dans mes promesses, sans épanchement et sans abandon, que l'impatience de la quitter.

La première année de notre séjour à Caden avait atteint son terme, sans que rien changeât dans notre situation. Quand Ellénore me trouvait sombre ou abattu, elle s'affligeait d'abord, se blessait ensuite, et m'arrachait par ses reproches l'aveu de la fatigue que j'aurais voulu déguiser. De mon côté, quand Ellénore paraissait contente, je m'irritais de la voir jouir d'une situation qui me coûtait mon bonheur, et je la troublais dans cette courte jouissance par des insinuations qui l'éclairaient sur ce que j'éprouvais intérieurement. Nous nous attaquions donc tour à tour par des phrases indirectes, pour reculer ensuite dans des protestations générales et de vagues justifications, et pour regagner le silence. Car [1] nous savions si bien mutuellement tout ce que nous allions nous dire, que nous nous taisions pour ne pas l'entendre. Quelquefois l'un de nous était prêt à céder, mais nous manquions le moment favorable [2] pour nous rapprocher. Nos cœurs défiants et blessés ne se rencontraient plus.

Je me demandais souvent pourquoi je restais dans un état si pénible : je me répondais que, si je m'éloignais d'Ellénore, elle me suivrait, et que j'aurais provoqué un nouveau sacrifice. Je me dis enfin qu'il fallait la satisfaire une dernière fois, et qu'elle ne pourrait plus rien exiger quand je l'aurais replacée au milieu de sa famille. J'allais

---

1. *M1* porte une première rédaction de ce passage : « dans notre situation. Nous évitions de nous parler sur ce qui nous intéressait. Quand la nécessité nous y ramenait, nos discussions étaient amères. Ellénore me trouvait dur. Je la trouvais injuste. Mais nos débats se prolongeaient peu. Car » ; rédaction biffée et remplacée par le texte définitif. **2.** *Var.* (*M1* et *M2*) : « à céder. Ellénore aurait voulu partir seule, si j'avais pu la rassurer. J'aurais voulu partir avec elle, si elle avait pu me convaincre. Mais nous manquions tour à tour le moment favorable ».

lui proposer de la suivre en Pologne, quand elle reçut la nouvelle que son père était mort subitement. Il l'avait instituée son unique héritière, mais son testament était contredit par des lettres postérieures, que des parents éloignés menaçaient de faire valoir. Ellénore, malgré le peu de relations qui subsistait entre elle et son père, fut douloureusement affectée de cette mort : elle se reprocha de l'avoir abandonné. Bientôt elle m'accusa de sa faute. Vous m'avez fait manquer, me dit-elle, à un devoir sacré. Maintenant il ne s'agit que de ma fortune : je vous l'immolerai plus facilement encore. Mais, certes, je n'irai pas seule dans un pays où je n'ai que des ennemis à rencontrer. Je n'ai voulu, lui répondis-je, vous faire manquer à aucun devoir ; j'aurais désiré, je l'avoue, que vous daignassiez réfléchir que moi aussi je trouvais pénible de manquer aux miens ; je n'ai pu obtenir de vous cette justice. Je me rends, Ellénore ; votre intérêt l'emporte sur toute autre considération. Nous partirons ensemble quand vous le voudrez.

Nous nous mîmes effectivement en route. Les distractions du voyage, la nouveauté des objets, les efforts que nous faisions sur nous-mêmes, ramenaient de temps en temps entre nous quelques restes d'intimité. La longue habitude que nous avions l'un de l'autre, les circonstances variées que nous avions parcourues ensemble, avaient attaché à chaque parole, presque à chaque geste, des souvenirs qui nous replaçaient tout à coup dans le passé, et nous remplissaient d'un attendrissement involontaire, comme les éclairs traversent la nuit sans la dissiper. Nous vivions, pour ainsi dire, d'une espèce de mémoire du cœur, assez puissante pour que l'idée de nous séparer nous fût douloureuse, trop faible pour que nous trouvassions du bonheur à être unis. Je me livrais à ces émotions, pour me reposer de ma contrainte habituelle. J'aurais voulu donner à Ellénore des témoignages de tendresse qui la contentassent ; je reprenais quelquefois avec elle le langage de l'amour : mais ces émotions et ce langage ressemblaient à ces feuilles pâles et décolorées qui, par un reste de végétation funèbre, croissent languissamment sur les branches d'un arbre déraciné.

CHAPITRE VII

Ellénore obtint dès son arrivée d'être rétablie dans la jouissance des biens qu'on lui disputait, en s'engageant à n'en pas disposer que son procès ne fût décidé. Elle s'établit dans une des possessions de son père. Le mien, qui n'abordait jamais avec moi dans ses lettres aucune question directement, se contenta de les remplir d'insinuations contre mon voyage. « Vous m'aviez mandé, me disait-il, que vous ne partiriez pas. Vous m'aviez développé longuement toutes les raisons que vous aviez de ne pas partir. J'étais en conséquence bien convaincu que vous partiriez. Je ne puis que vous plaindre de ce qu'avec votre esprit d'indépendance, vous faites toujours ce que vous ne voulez pas [1]. Je ne juge point, au reste, d'une situation qui ne m'est qu'imparfaitement connue. Jusqu'à présent vous m'aviez paru le protecteur d'Ellénore, et, sous ce rapport, il y avait dans vos procédés quelque chose de noble, qui relevait votre caractère, quel que fût l'objet auquel vous vous attachiez. Aujourd'hui vos relations ne sont plus les mêmes ; ce n'est plus vous qui la protégez, c'est elle qui vous protège ; vous vivez chez elle, vous êtes un étranger qu'elle introduit dans sa famille. Je ne prononce point sur une position que vous choisissez ; mais comme elle peut avoir ses inconvénients, je voudrais les diminuer autant qu'il est en moi. J'écris au baron de T***, notre ministre dans le pays où vous êtes, pour vous recommander à lui ; j'ignore s'il vous conviendra de faire

---

1. Ce paradoxe hante Constant qui écrit, par exemple, dans son « Journal abrégé » : « Jadis, je murmurais contre les rapports de père et de fils, comme dépendance. Je l'ai joliment atteint, ce but d'indépendance que je désirais par-dessus tout » (*Journaux intimes*, 21 décembre 1807, *op. cit.*, p. 673).

usage de cette recommandation ; n'y voyez au moins qu'une preuve de mon zèle, et nullement une atteinte à l'indépendance que vous avez toujours su défendre avec succès contre votre père. »

J'étouffai les réflexions que ce style faisait naître en moi. La terre que j'habitais avec Ellénore était située à peu de distance de Varsovie ; je me rendis dans cette ville, chez le baron de T***. Il me reçut avec amitié, me demanda les causes de mon séjour en Pologne, me questionna sur mes projets : je ne savais trop que lui répondre. Après quelques minutes d'une conversation embarrassée, Je vais, me dit-il, vous parler avec franchise : je connais les motifs qui vous ont amené dans ce pays, votre père me les a mandés ; je vous dirai même que je les comprends : il n'y a pas d'homme qui ne se soit, une fois dans sa vie, trouvé tiraillé par le désir de rompre une liaison inconvenable et la crainte d'affliger une femme qu'il avait aimée. L'inexpérience de la jeunesse fait que l'on s'exagère beaucoup les difficultés d'une position pareille ; on se plaît à croire à la vérité de toutes ces démonstrations de douleur, qui remplacent, dans un sexe faible et emporté, tous les moyens de la force et tous ceux de la raison. Le cœur en souffre, mais l'amour-propre s'en applaudit ; et tel homme qui pense de bonne foi s'immoler au désespoir qu'il a causé, ne se sacrifie dans le fait qu'aux illusions de sa propre vanité. Il n'y a pas une de ces femmes passionnées, dont le monde est plein, qui n'ait protesté qu'on la ferait mourir en l'abandonnant ; il n'y en a pas une qui ne soit encore en vie, et qui ne soit consolée. Je voulus l'interrompre. Pardon, me dit-il, mon jeune ami, si je m'exprime avec trop peu de ménagement : mais le bien qu'on m'a dit de vous, les talents que vous annoncez, la carrière que vous devriez suivre, tout me fait une loi de ne rien vous déguiser. Je lis dans votre âme, malgré vous et mieux que vous ; vous n'êtes plus amoureux de la femme qui vous domine et qui vous traîne après elle ; si vous l'aimiez encore, vous ne seriez pas venu chez moi. Vous saviez que votre père m'avait écrit ; il vous était aisé de prévoir ce que j'avais à vous dire : vous n'avez pas été fâché d'entendre de ma bouche des raisonnements que vous vous répétez sans cesse à vous-même, et toujours inutilement. La réputation d'Ellénore est loin d'être intacte... Terminons, je vous prie, répondis-je, une conversation inutile. Des circonstances malheureuses ont pu disposer des premières années d'Ellénore ; on peut la juger défavorablement sur des apparences mensongères : mais je la connais depuis trois ans, et il n'existe pas sur la terre une âme plus élevée, un caractère plus noble, un cœur plus pur et plus généreux. Comme vous voudrez, répliqua-t-il ; mais ce sont des nuances que l'opinion n'approfondit pas. Les faits sont positifs, ils sont publics ; en m'empêchant de les rappeler, pensez-vous les détruire ? Écoutez, poursuivit-il, il faut dans ce monde savoir ce qu'on veut. Vous n'épouserez pas Ellénore ? – Non, sans doute, m'écriai-je, elle-même ne l'a jamais désiré. – Que voulez-vous donc faire ? Elle a dix ans de plus que vous ; vous en avez vingt-six ; vous la soignerez dix ans encore ; elle sera vieille ; vous serez parvenu au milieu de votre vie, sans avoir rien commencé, rien achevé qui vous satisfasse. L'ennui s'emparera de vous, l'humeur s'emparera d'elle ; elle vous sera chaque jour moins agréable, vous lui serez chaque jour plus nécessaire ; et le résultat d'une naissance illustre, d'une fortune brillante, d'un esprit distingué, sera de végéter dans un coin de la Pologne, oublié de vos amis, perdu pour la gloire, et tourmenté par une femme qui ne sera, quoi que vous fassiez, jamais contente de vous. Je n'ajoute qu'un mot, et nous ne reviendrons plus sur un sujet qui vous embarrasse. Toutes les routes vous sont ouvertes, les lettres, les armes, l'administration ; vous pouvez aspirer aux plus illustres alliances ; vous êtes fait pour aller à tout : mais souvenez-vous bien qu'il y a entre vous et tous les genres de succès un obstacle insurmontable, et que cet obstacle est Ellénore. – J'ai cru vous devoir, monsieur, lui répondis-je, de vous écouter en silence ; mais je me dois aussi de vous déclarer que vous ne m'avez point ébranlé. Personne que moi, je le répète, ne peut juger Ellénore ; personne n'apprécie assez la vérité de ses sentiments et la profondeur de ses impressions. Tant qu'elle aura besoin de moi, je resterai près d'elle. Aucun succès ne me consolerait de la laisser malheureuse ; et dussé-je borner ma carrière à lui servir d'appui, à la soutenir dans ses peines, à l'entourer de mon affection contre l'injustice d'une opinion qui la méconnaît, je croirais encore n'avoir pas employé ma vie inutilement.

Je sortis en achevant ces paroles : mais qui m'expliquera par quelle mobilité le sentiment qui me les dictait s'éteignit avant même que j'eusse fini de les prononcer ? Je voulus, en retournant à pied, retarder le moment de revoir cette Ellénore que je venais de défendre ; je traversai précipitamment la ville : il me tardait de me trouver seul.

Arrivé au milieu de la campagne, je ralentis ma marche, et mille pensées m'assaillirent. Ces mots funestes, « Entre tous les genres de succès et vous, il existe un obstacle insurmontable, et cet obstacle c'est Ellénore », retentissaient autour de moi. Je jetais un long et triste regard sur le temps qui venait de s'écouler sans retour ; je me rappelais les espérances de ma jeunesse, la confiance avec laquelle je croyais autrefois commander à l'avenir, les éloges accordés à mes premiers essais, l'aurore de réputation que j'avais vue briller et disparaître. Je me répétais les noms de plusieurs de mes compagnons d'étude, que j'avais traités avec un dédain superbe, et qui, par le seul effet d'un travail opiniâtre et d'une vie régulière, m'avaient laissé loin derrière eux dans la route de la fortune, de la considération et de la gloire : j'étais oppressé de mon inaction. Comme les avares se représentent dans les trésors qu'ils entassent tous les biens que ces trésors pourraient acheter, j'apercevais dans Ellénore la privation de tous les succès auxquels j'aurais pu prétendre [1]. Ce n'était pas une carrière seule

1. La comparaison est bancale, asymétrique : Ellénore comparée aux « trésors » devrait au contraire être le moyen d'obtenir des succès dont Adolphe se prive. L'étrangeté de la comparaison montre qu'alors même

que je regrettais : comme je n'avais essayé d'aucune, je les regrettais toutes. N'ayant jamais employé mes forces, je les imaginais sans bornes, et je les maudissais ; j'aurais voulu que la nature m'eût créé faible et médiocre, pour me préserver au moins du remords de me dégrader volontairement. Toute louange, toute approbation pour mon esprit ou mes connaissances, me semblaient un reproche insupportable : je croyais entendre admirer les bras vigoureux d'un athlète chargé de fers au fond d'un cachot [1]. Si je voulais ressaisir mon courage, me dire que l'époque de l'activité n'était pas encore passée, l'image d'Ellénore s'élevait devant moi comme un fantôme, et me repoussait dans le néant ; je ressentais contre elle des accès de fureur, et, par un mélange bizarre, cette fureur ne diminuait en rien la terreur que m'inspirait l'idée de l'affliger.

Mon âme, fatiguée de ces sentiments amers, chercha tout à coup un refuge dans des sentiments contraires. Quelques mots, prononcés peut-être au hasard par le baron de T*** sur la possibilité d'une alliance douce et paisible, me servirent à me créer l'idéal d'une compagne. Je réfléchis au repos, à la considération, à l'indépendance même que m'offrirait un sort pareil ; car les liens que je traînais depuis si longtemps me rendaient plus dépendant mille fois que n'aurait pu le faire une union reconnue et constatée. J'imaginais la joie de mon père ; j'éprouvais un désir impatient de reprendre dans ma patrie et dans la société de mes égaux la place qui m'était due ; je me représentais opposant une conduite austère et irréprochable à

qu'elle est donnée comme un obstacle, Ellénore pourrait être le levier du succès, comme elle a été celle qui a relevé le comte de P*** à la suite de son infortune, d'autant plus qu'elle est redevenue, dans ce chapitre VII, une riche propriétaire et qu'elle a même des « vassaux » (chapitre VIII). **1.** L'attente des autres est une des figures du lien, analogue à celui de la relation amoureuse. Ainsi, dans ses *Journaux*, Benjamin Constant recourt à une métaphore similaire pour désigner l'impasse où Charlotte et lui se trouvent à la fin de 1806 et dont il cherche à se dégager : « Une fois dehors, je ne rentrerai plus dans cette cage de fer » (30 décembre 1806, *op. cit.*, p. 604). Sur le sens politique de cette métaphore surprenante, voir Présentation.

tous les jugements qu'une malignité froide et frivole avait prononcés contre moi, à tous les reproches dont m'accablait Ellénore.

Elle m'accuse sans cesse, disais-je, d'être dur, d'être ingrat, d'être sans pitié. Ah ! si le ciel m'eût accordé une femme que les convenances sociales me permissent d'avouer, que mon père ne rougît pas d'accepter pour fille, j'aurais été mille fois heureux de la rendre heureuse. Cette sensibilité que l'on méconnaît parce qu'elle est souffrante et froissée, cette sensibilité dont on exige impérieusement des témoignages que mon cœur refuse à l'emportement et à la menace, qu'il me serait doux de m'y livrer avec l'être chéri compagnon d'une vie régulière et respectée ! Que n'ai-je pas fait pour Ellénore ! Pour elle j'ai quitté mon pays et ma famille ; j'ai pour elle affligé le cœur d'un vieux père qui gémit encore loin de moi ; pour elle j'habite ces lieux où ma jeunesse s'enfuit solitaire, sans gloire, sans honneur et sans plaisir : tant de sacrifices faits sans devoir et sans amour ne prouvent-ils pas ce que l'amour et le devoir me rendraient capable de faire ? Si je crains tellement la douleur d'une femme, qui ne me domine que par sa douleur, avec quel soin j'écarterais toute affliction, toute peine, de celle à qui je pourrais hautement me vouer sans remords et sans réserve ! Combien alors on me verrait différent de ce que je suis ! comme cette amertume dont on me fait un crime, parce que la source en est inconnue, fuirait rapidement loin de moi ! combien je serais reconnaissant pour le ciel et bienveillant pour les hommes !

Je parlais ainsi [1] ; mes yeux se mouillaient de larmes, mille souvenirs rentraient comme par torrents dans mon âme : mes relations avec Ellénore m'avaient rendu tous ces souvenirs odieux. Tout ce qui me rappelait mon enfance, les lieux où s'étaient écoulées mes premières

1. Chateaubriand clôt la célèbre exclamation (« Levez-vous vite, orages désirés ») de la méditation automnale de René par un « ainsi disant... » (*René*, *op. cit.*, p. 180) auquel la formule d'Adolphe fait écho dans une situation analogue.

années, les compagnons de mes premiers jeux, les vieux parents qui m'avaient prodigué les premières marques d'intérêt, me blessait et me faisait mal ; j'étais réduit à repousser, comme des pensées coupables, les images les plus attrayantes et les vœux les plus naturels. La compagne que mon imagination m'avait soudain créée s'alliait au contraire à toutes ces images et sanctionnait tous ces vœux ; elle s'associait à tous mes devoirs, à tous mes plaisirs, à tous mes goûts[1] ; elle rattachait ma vie actuelle à cette époque de ma jeunesse où l'espérance ouvrait devant moi un si vaste avenir, époque dont Ellénore m'avait séparé comme par un abîme. Les plus petits détails, les plus petits objets se retraçaient à ma mémoire : je revoyais l'antique château[2] que j'avais habité avec mon père, les bois qui l'entouraient, la rivière qui baignait le pied de ses murailles, les montagnes qui bordaient son horizon ; toutes ces choses me paraissaient tellement présentes, pleines d'une telle vie, qu'elles me causaient un frémissement que j'avais peine à supporter ; et mon imagination plaçait à côté d'elles une créature innocente et jeune qui les embellissait, qui les animait par l'espérance. J'errais[3] plongé dans cette rêverie, toujours sans plan fixe, ne me disant point qu'il fallait

---

1. La compagne idéale, créée dans l'imaginaire, est également un motif du récit romantique ; elle prendra la forme de la sylphide dans le ballet de Nourrit (1832), figure de femme rêvée, concurrente de la fiancée réelle. Dans un premier jet (voir *infra*, note 3), Constant lui avait donné cette dimension spirituelle (« ange », « flambeau céleste ») qu'elle aura chez un Gautier. Dans le texte définitif, elle prend une forme plus concrète, en ce qu'elle incarne l'épouse rêvée. **2.** Au-delà des hypothétiques souvenirs biographiques de Benjamin, « l'antique château » renvoie à un motif symbolique des récits de l'époque, associant l'enfance à un temps révolu, comme dans *René* ou le château de la Vivetière dans *Les Chouans*, qui incarne la ruine de l'Ancien Régime. Voir Francesco Orlando, *Infanzia, memoria e storia da Rousseau ai romantici*, Padoue, Liviana Editrice, 1966 (sur *Adolphe* plus particulièrement, voir p. 219-222). **3.** Dans *M1*, Constant avait écrit, avant de le barrer : « par l'espérance, qui doublait leur charme comme un ange entouré d'une lumière éthérée, qui, prenant pitié du voyageur perdu dans la nuit sombre, lui ferait soudain reconnaître à la lueur d'un flambeau céleste, la rive désirée et l'asile dont il se croyait encore éloigné. J'errais ».

rompre avec Ellénore, n'ayant de la réalité qu'une idée sourde et confuse, et dans l'état d'un homme accablé de peine, que le sommeil a consolé par un songe, et qui pressent que ce songe va finir. Je découvris tout à coup le château d'Ellénore, dont insensiblement je m'étais rapproché ; je m'arrêtai ; je pris une autre route : j'étais heureux de retarder le moment où j'allais entendre de nouveau sa voix.

Le jour s'affaiblissait : le ciel était serein ; la campagne devenait déserte ; les travaux des hommes avaient cessé : ils abandonnaient la nature à elle-même. Mes pensées prirent graduellement une teinte plus grave et plus imposante. Les ombres de la nuit qui s'épaississaient à chaque instant, le vaste silence qui m'environnait et qui n'était interrompu que par des bruits rares et lointains, firent succéder à mon agitation un sentiment plus calme et plus solennel. Je promenais mes regards sur l'horizon grisâtre dont je n'apercevais plus les limites, et qui par là même me donnait, en quelque sorte, la sensation de l'immensité. Je n'avais rien éprouvé de pareil depuis longtemps : sans cesse absorbé dans des réflexions toujours personnelles, la vue toujours fixée sur ma situation, j'étais devenu étranger à toute idée générale ; je ne m'occupais que d'Ellénore et de moi ; d'Ellénore, qui ne m'inspirait qu'une pitié mêlée de fatigue ; de moi, pour qui je n'avais plus aucune estime. Je m'étais rapetissé, pour ainsi dire, dans un nouveau genre d'égoïsme, dans un égoïsme sans courage, mécontent et humilié ; je me sus bon gré de renaître à des pensées d'un autre ordre, et de me retrouver la faculté de m'oublier moi-même, pour me livrer à des méditations désintéressées : mon âme semblait se relever d'une dégradation longue et honteuse.

La nuit presque entière s'écoula ainsi. Je marchais au hasard ; je parcourus des champs, des bois, des hameaux où tout était immobile. De temps en temps j'apercevais dans quelque habitation éloignée une pâle lumière qui perçait l'obscurité. Là, me disais-je, là peut-être quelque infortuné s'agite sous la douleur ou lutte contre la mort ; contre la mort, mystère inexplicable, dont une expérience journalière paraît n'avoir pas encore convaincu les hommes, terme assuré qui ne nous console ni ne nous apaise, objet d'une insouciance habituelle et d'un effroi passager ! Et moi aussi, poursuivais-je, je me livre à cette inconséquence insensée ! Je me révolte contre la vie, comme si la vie devait ne pas finir ! Je répands du malheur autour de moi, pour reconquérir quelques années misérables que le temps viendra bientôt m'arracher ! Ah ! renonçons à ces efforts inutiles : jouissons de voir ce temps s'écouler, mes jours se précipiter les uns sur les autres ; demeurons immobile, spectateur indifférent d'une existence à demi passée ; qu'on s'en empare, qu'on la déchire : on n'en prolongera pas la durée ! vaut-il la peine de la disputer [1] ?

L'idée de la mort a toujours eu sur moi beaucoup d'empire. Dans mes afflictions les plus vives, elle a toujours suffi pour me calmer aussitôt : elle produisit sur mon âme son effet accoutumé ; ma disposition pour Ellénore devint moins amère. Toute mon irritation disparut ; il ne me restait [2] de l'impression de cette nuit de délire [3] qu'un sentiment doux et presque tranquille : peut-être la lassitude physique que j'éprouvais contribuait-elle à cette tranquillité.

Le jour allait renaître. Je distinguais déjà les objets. Je reconnus que j'étais assez loin de la demeure d'Ellénore. Je me peignis son inquiétude, et je me pressais pour arriver près d'elle, autant que la fatigue pouvait me le permettre, lorsque je rencontrai un homme à cheval, qu'elle avait envoyé pour me chercher. Il me raconta qu'elle était depuis douze heures dans les craintes les plus vives ;

---

1. Tentation quiétiste, dont on trouve un développement plus ample dans *Cécile* (*op. cit.*, p. 211, note 66). **2.** Dans *M1*, la figure du père réapparaissait à cet endroit : « disparut. La volonté de mon père me tourmentait encore. Mais je me flattais de l'apaiser par des assurances d'affection, par la promesse mille fois réitérée de quitter Ellénore dès qu'elle serait moins malheureuse. Il ne me restait ». **3.** L'égarement dans la nuit du héros qui s'interroge sur sa destinée est un motif romantique récurrent ; on renverra, par exemple, aux « trois doubles nuits d'horreur et d'insomnie » dans *Jocelyn* (5e époque) de Lamartine, ou à « la nuit étrange » dans *Les Filles du feu* (« Octavie ») de Nerval.

qu'après être allée à Varsovie, et avoir parcouru les environs, elle était revenue chez elle dans un état inexprimable d'angoisse, et que de toutes parts les habitants du village étaient répandus dans la campagne pour me découvrir. Ce récit me remplit d'abord d'une impatience assez pénible. Je m'irritais de me voir soumis par Ellénore à une surveillance importune. En vain me répétais-je que son amour seul en était la cause : cet amour n'était-il pas aussi la cause de tout mon malheur ? Cependant je parvins à vaincre ce sentiment que je me reprochais. Je la savais alarmée et souffrante. Je montai à cheval. Je franchis avec rapidité la distance qui nous séparait. Elle me reçut avec des transports de joie. Je fus ému de son émotion. Notre conversation fut courte, parce que bientôt elle songea que je devais avoir besoin de repos : et je la quittai, cette fois du moins, sans avoir rien dit qui pût affliger son cœur.

CHAPITRE VIII

Le lendemain je me relevai poursuivi des mêmes idées qui m'avaient agité la veille. Mon agitation redoubla les jours suivants ; Ellénore voulut inutilement en pénétrer la cause : je répondais par des monosyllabes contraints à ses questions impétueuses ; je me raidissais contre son instance, sachant [1] trop qu'à ma franchise succéderait sa douleur, et que sa douleur m'imposerait une dissimulation nouvelle.

Inquiète et surprise, elle recourut à l'une de ses amies pour découvrir le secret qu'elle m'accusait de lui cacher ; avide de se tromper elle-même, elle cherchait un fait où il n'y avait qu'un sentiment. Cette amie m'entretint de mon humeur bizarre, du soin que je mettais à repousser toute idée d'un lien durable, de mon inexplicable soif de

1. *Var.* (*M1* et *M2*) : « contre son insistance, sachant ».

rupture et d'isolement. Je l'écoutai longtemps en silence ; je n'avais dit jusqu'à ce moment à personne que je n'aimais plus Ellénore ; ma bouche répugnait à cet aveu qui me semblait une perfidie. Je voulus pourtant me justifier ; je racontai mon histoire avec ménagement, en donnant beaucoup d'éloges à Ellénore, en convenant des inconséquences de ma conduite, en les rejetant sur les difficultés de notre situation, et sans me permettre une parole qui prononçât clairement que la difficulté véritable était de ma part l'absence de l'amour. La femme qui m'écoutait fut émue de mon récit : elle vit de la générosité dans ce que j'appelais de la faiblesse, du malheur dans ce que je nommais de la dureté. Les mêmes explications qui mettaient en fureur Ellénore passionnée, portaient la conviction dans l'esprit de son impartiale amie. On est si juste lorsque l'on est désintéressé ! Qui que vous soyez, ne remettez jamais à un autre les intérêts de votre cœur : le cœur seul peut plaider sa cause : il sonde seul ses blessures ; tout intermédiaire devient un juge ; il analyse, il transige ; il conçoit l'indifférence ; il l'admet comme possible, il la reconnaît pour inévitable ; par là même il l'excuse, et l'indifférence se trouve ainsi, à sa grande surprise, légitime à ses propres yeux. Les reproches d'Ellénore m'avaient persuadé que j'étais coupable ; j'appris de celle qui croyait la défendre que je n'étais que malheureux. Je fus entraîné à l'aveu complet de mes sentiments : je convins que j'avais pour Ellénore du dévouement, de la sympathie, de la pitié ; mais j'ajoutai que l'amour n'entrait pour rien dans les devoirs que je m'imposais. Cette vérité, jusqu'alors renfermée dans mon cœur, et quelquefois seulement révélée à Ellénore au milieu du trouble et de la colère, prit à mes propres yeux plus de réalité et de force, par cela seul qu'un autre en était devenu dépositaire. C'est un grand pas, c'est un pas irréparable, lorsqu'on dévoile tout à coup aux yeux d'un tiers les replis cachés d'une relation intime ; le jour qui pénètre dans ce sanctuaire constate et achève les destructions que la nuit enveloppait de ses ombres : ainsi les corps renfermés dans les tombeaux conservent souvent leur première forme, jusqu'à ce que l'air extérieur vienne les frapper et les réduire en poudre.

L'amie d'Ellénore me quitta : j'ignore quel compte elle lui rendit de notre conversation, mais, en approchant du salon, j'entendis Ellénore qui parlait d'une voix très animée ; en m'apercevant, elle se tut. Bientôt elle reproduisit sous diverses formes des idées générales, qui n'étaient que des attaques particulières. Rien n'est plus bizarre, disait-elle, que le zèle de certaines amitiés ; il y a des gens qui s'empressent de se charger de vos intérêts pour mieux abandonner votre cause ; ils appellent cela de l'attachement : j'aimerais mieux de la haine. Je compris facilement que l'amie d'Ellénore avait embrassé mon parti contre elle, et l'avait irritée en ne paraissant pas me juger assez coupable. Je me sentis ainsi d'intelligence avec un autre contre Ellénore : c'était entre nos cœurs une barrière de plus.

Quelques jours après, Ellénore alla plus loin : elle était incapable de tout empire sur elle-même ; dès qu'elle croyait avoir un sujet de plainte, elle marchait droit à l'explication, sans ménagement et sans calcul, et préférait le danger de rompre à la contrainte de dissimuler. Les deux amies se séparèrent à jamais brouillées.

Pourquoi mêler des étrangers à nos discussions intimes ? dis-je à Ellénore. Avons-nous besoin d'un tiers pour nous entendre ? et si nous ne nous entendons plus, quel tiers pourrait y porter remède ? Vous avez raison, me répondit-elle : mais c'est votre faute ; autrefois je ne m'adressais à personne pour arriver jusqu'à votre cœur.

Tout à coup Ellénore annonça le projet de changer son genre de vie. Je démêlai par ses discours qu'elle attribuait à la solitude dans laquelle nous vivions le mécontentement qui me dévorait : elle épuisait toutes les explications fausses avant de se résigner à la véritable. Nous passions tête-à-tête de monotones soirées entre le silence et l'humeur ; la source des longs entretiens était tarie.

Ellénore résolut d'attirer chez elle les familles nobles qui résidaient dans son voisinage ou à Varsovie. J'entrevis facilement les obstacles et les dangers de ses tentatives. Les parents qui lui disputaient son héritage avaient révélé ses erreurs passées, et répandu contre elle mille bruits calomnieux. Je frémis des humiliations qu'elle allait braver, et je tâchai de la dissuader de cette entreprise. Mes représentations furent inutiles ; je blessai sa fierté par mes craintes, bien que je ne les exprimasse qu'avec ménagement. Elle supposa que j'étais embarrassé de nos liens, parce que son existence était équivoque ; elle n'en fut que plus empressée à reconquérir une place honorable dans le monde : ses efforts obtinrent quelque succès. La fortune dont elle jouissait, sa beauté, que le temps n'avait encore que légèrement diminuée, le bruit même de ses aventures, tout en elle excitait la curiosité. Elle se vit entourée bientôt d'une société nombreuse ; mais elle était poursuivie d'un sentiment secret d'embarras et d'inquiétude. J'étais mécontent de ma situation, elle s'imaginait que je l'étais de la sienne ; elle s'agitait pour en sortir ; son désir ardent ne lui permettait point de calcul, sa position fausse jetait de l'inégalité dans sa conduite et de la précipitation dans ses démarches. Elle avait l'esprit juste, mais peu étendu ; la justesse de son esprit était dénaturée par l'emportement de son caractère, et son peu d'étendue l'empêchait d'apercevoir la ligne la plus habile, et de saisir des nuances délicates. Pour la première fois elle avait un but ; et comme elle se précipitait vers ce but, elle le manquait. Que de dégoûts elle dévora sans me les communiquer ! que de fois je rougis pour elle sans avoir la force de le lui dire ! Tel est parmi les hommes le pouvoir de la réserve et de la mesure, que je l'avais vue plus respectée par les amis du comte de P*** comme sa maîtresse, qu'elle ne l'était par ses voisins comme héritière d'une grande fortune, au milieu de ses vassaux. Tour à tour haute et suppliante, tantôt prévenante, tantôt susceptible, il y avait dans ses actions et dans ses paroles je ne sais quelle fougue destructive de la considération, qui ne se compose que du calme.

En relevant ainsi les défauts d'Ellénore, c'est moi que j'accuse et que je condamne. Un mot de moi l'aurait calmée : pourquoi n'ai-je pu prononcer ce mot [1] ?

---

1. À rapprocher de ce qu'écrit William à Caliste dans les *Lettres écrites de Lausanne* (lettre XXI) d'Isabelle de Charrière : « Sir Harry et moi

Nous vivions cependant plus doucement ensemble ; la distraction nous soulageait de nos pensées habituelles. Nous n'étions seuls que par intervalles ; et comme nous avions l'un dans l'autre une confiance sans bornes, excepté sur nos sentiments intimes, nous mettions les observations et les faits à la place de ces sentiments, et nos conversations avaient repris quelque charme. Mais bientôt ce nouveau genre de vie devint pour moi la source d'une nouvelle perplexité. Perdu dans la foule qui environnait Ellénore, je m'aperçus que j'étais l'objet de l'étonnement et du blâme. L'époque approchait où son procès devait être jugé : ses adversaires prétendaient qu'elle avait aliéné le cœur paternel par des égarements sans nombre ; ma présence venait à l'appui de leurs assertions. Ses amis me reprochaient de lui faire tort. Ils excusaient sa passion pour moi ; mais ils m'accusaient d'indélicatesse : j'abusais, disaient-ils, d'un sentiment que j'aurais dû modérer. Je savais seul qu'en l'abandonnant je l'entraînerais sur mes pas, et qu'elle négligerait pour me suivre tout le soin de sa fortune et tous les calculs de la prudence. Je ne pouvais rendre le public dépositaire de ce secret ; je ne paraissais donc dans la maison d'Ellénore qu'un étranger nuisible au succès même des démarches qui allaient décider de son sort ; et, par un étrange renversement de la vérité, tandis que j'étais la victime de ses volontés inébranlables, c'était elle que l'on plaignait comme victime de mon ascendant.

Une nouvelle circonstance vint compliquer encore cette situation douloureuse.

Une singulière révolution s'opéra tout à coup dans la conduite et dans les manières d'Ellénore : jusqu'à cette époque elle n'avait paru occupée que de moi ; soudain je la vis recevoir et rechercher les hommages des hommes qui l'entouraient. Cette femme si réservée, si froide, si

---

la trouvâmes une heure après si pâle, si changée, qu'elle nous effraya. Est-il croyable que je ne me sois pas décidé alors ! je n'avais certainement qu'un mot à dire. Je passai presque trois jours du matin au soir chez Caliste à la regarder, à rêver, à hésiter, et je ne lui dis rien » (*Œuvres complètes*, Genève, Slatkine, 1980, t. VIII, p. 212).

ombrageuse, sembla subitement changer de caractère. Elle encourageait les sentiments et même les espérances d'une foule de jeunes gens, dont les uns étaient séduits par sa figure, et dont quelques autres, malgré ses erreurs passées, aspiraient sérieusement à sa main ; elle leur accordait de longs tête-à-tête ; elle avait avec eux ces formes douteuses, mais attrayantes, qui ne repoussent mollement que pour retenir, parce qu'elles annoncent plutôt l'indécision que l'indifférence, et des retards que des refus. J'ai su par elle dans la suite, et les faits me l'ont démontré, qu'elle agissait ainsi par un calcul faux et déplorable. Elle croyait ranimer mon amour en excitant ma jalousie ; mais c'était agiter des cendres que rien ne pouvait réchauffer. Peut-être aussi se mêlait-il à ce calcul, sans qu'elle s'en rendît compte, quelque vanité de femme ; elle était blessée de ma froideur, elle voulait se prouver à elle-même qu'elle avait encore des moyens de plaire. Peut-être enfin, dans l'isolement où je laissais son cœur, trouvait-elle une sorte de consolation à s'entendre répéter des expressions d'amour que depuis longtemps je ne prononçais plus.

Quoi qu'il en soit, je me trompai quelque temps sur ses motifs. J'entrevis l'aurore de ma liberté future ; je m'en félicitai. Tremblant d'interrompre par quelque mouvement inconsidéré cette grande crise à laquelle j'attachais ma délivrance, je devins plus doux, je parus plus content. Ellénore prit ma douceur pour de la tendresse, mon espoir de la voir enfin heureuse sans moi pour le désir de la rendre heureuse. Elle s'applaudit de son stratagème. Quelquefois pourtant elle s'alarmait de ne me voir aucune inquiétude ; elle me reprochait de ne mettre aucun obstacle à ces liaisons qui, en apparence, menaçaient de me l'enlever. Je repoussais ses accusations par des plaisanteries, mais je ne parvenais pas toujours à l'apaiser ; son caractère se faisait jour à travers la dissimulation qu'elle s'était imposée. Les scènes recommençaient sur un autre terrain, mais non moins orageuses. Ellénore m'imputait ses propres torts, elle m'insinuait qu'un seul mot la ramènerait à moi tout entière ; puis, offensée de mon silence, elle se précipitait de nouveau dans la coquetterie avec une espèce de fureur.

C'est ici surtout, je le sens, que l'on m'accusera de faiblesse. Je voulais être libre, et je le pouvais avec l'approbation générale ; je le devais peut-être : la conduite d'Ellénore m'y autorisait et semblait m'y contraindre. Mais ne savais-je pas que cette conduite était mon ouvrage ? ne savais-je pas qu'Ellénore au fond de son cœur n'avait pas cessé de m'aimer ? pouvais-je la punir des imprudences que je lui faisais commettre, et, froidement hypocrite, chercher un prétexte dans ces imprudences, pour l'abandonner sans pitié ?

Certes, je ne veux point m'excuser, je me condamne plus sévèrement qu'un autre peut-être ne le ferait à ma place ; mais je puis au moins me rendre ici ce solennel témoignage, que je n'ai jamais agi par calcul, et que j'ai toujours été dirigé par des sentiments vrais et naturels. Comment se fait-il qu'avec ces sentiments je n'aie fait si longtemps que mon malheur et celui des autres ?

La société cependant m'observait avec surprise. Mon séjour chez Ellénore ne pouvait s'expliquer que par un extrême attachement pour elle, et mon indifférence sur les liens qu'elle semblait toujours prête à contracter démentait cet attachement. L'on attribua ma tolérance inexplicable à une légèreté de principes, à une insouciance pour la morale, qui annonçaient, disait-on, un homme profondément égoïste, et que le monde avait corrompu. Ces conjectures, d'autant plus propres à faire impression qu'elles étaient plus proportionnées aux âmes qui les concevaient, furent accueillies et répétées. Le bruit en parvint enfin jusqu'à moi ; je fus indigné de cette découverte inattendue : pour prix de mes longs sacrifices, j'étais méconnu, calomnié ; j'avais, pour une femme, oublié tous les intérêts, et repoussé tous les plaisirs de la vie, et c'était moi que l'on condamnait.

Je m'expliquai vivement avec Ellénore : un mot fit disparaître cette tourbe d'adorateurs qu'elle n'avait appelés que pour me faire craindre sa perte. Elle restreignit sa société à quelques femmes et à un petit nombre d'hommes âgés. Tout reprit autour de nous une apparence régulière ; mais nous n'en fûmes que plus malheureux : Ellénore se croyait de nouveaux droits ; je me sentais chargé de nouvelles chaînes.

Je ne saurais peindre [1] quelles amertumes et quelles fureurs résultèrent de nos rapports ainsi compliqués. Notre vie ne fut plus qu'un perpétuel orage ; l'intimité perdit tous ses charmes, et l'amour toute sa douceur ; il n'y eut plus même entre nous ces retours passagers qui semblent guérir pour quelques instants d'incurables blessures. La vérité se fit jour de toutes parts, et j'empruntai, pour me faire entendre, les expressions les plus dures et les plus impitoyables. Je ne m'arrêtais que lorsque je voyais Ellénore dans les larmes ; et ses larmes même n'étaient qu'une lave brûlante qui, tombant goutte à goutte sur mon cœur, m'arrachait [2] des cris, sans pouvoir m'arracher un désaveu. Ce fut alors que, plus d'une fois, je la vis se lever pâle et prophétique : Adolphe, s'écriait-elle, vous ne savez pas le mal que vous faites ; vous l'apprendrez un jour, vous l'apprendrez par moi, quand vous m'aurez précipitée dans la tombe. – Malheureux ! lorsqu'elle parlait ainsi, que ne m'y suis-je jeté moi-même avant elle [3] !

---

1. Entre les manuscrits et les deux éditions de 1816, Constant a modifié les paragraphes qui précèdent (de « Une nouvelle circonstance » à « de nouvelles chaînes »). Le texte de 1816, plus bref, se présentait donc ainsi : « de mon ascendant. Le bruit de ce blâme universel parvint jusqu'à moi. Je fus indigné de cette découverte inattendue. J'avais pour une femme oublié tous les intérêts et repoussé tous les plaisirs de la vie, et c'était moi que l'opinion condamnait./ Un mot suffit pour bouleverser de nouveau la situation de la malheureuse Ellénore. Nous rentrâmes dans la solitude. Mais j'avais exigé ce sacrifice. Ellénore se croyait de nouveaux droits. Je me sentais chargé de nouvelles chaînes. Je ne saurais peindre ». **2.** L'édition de 1824 donne « m'arrachaient », que nous corrigeons en nous référant à la leçon, préférable, des manuscrits et de l'édition de 1816. **3.** Dans *M1*, une première version, biffée, offrait une fin de chapitre plus dramatique : « avant elle ! Je voudrais abréger ce fatal récit. Le remords me déchire et de lugubres images m'assiègent. Mais une tâche cruelle me reste. Il faut la remplir. »

CHAPITRE IX

Je n'étais pas retourné chez le baron de T*** depuis ma première[1] visite. Un matin je reçus de lui le billet suivant :

« Les conseils que je vous avais donnés ne méritaient pas une si longue absence. Quelque parti que vous preniez sur ce qui vous regarde, vous n'en êtes pas moins le fils de mon ami le plus cher, je n'en jouirai pas moins avec plaisir de votre société, et j'en aurai beaucoup à vous introduire dans un cercle dont j'ose vous promettre qu'il vous sera agréable de faire partie. Permettez-moi d'ajouter que, plus votre genre de vie, que je ne veux point désapprouver, a quelque chose de singulier, plus il vous importe de dissiper des préventions mal fondées, sans doute, en vous montrant dans le monde. »

Je fus reconnaissant de la bienveillance qu'un homme âgé me témoignait. Je me rendis chez lui ; il ne fut point question d'Ellénore. Le baron me retint à dîner : il n'y avait ce jour-là que quelques hommes assez spirituels et assez aimables. Je fus d'abord embarrassé, mais je fis effort sur moi-même ; je me ranimai, je parlai ; je déployai le plus qu'il me fut possible de l'esprit et des connaissances. Je m'aperçus que je réussissais à captiver l'approbation. Je retrouvai dans ce genre de succès une jouissance d'amour-propre dont j'avais été privé dès longtemps : cette jouissance me rendit la société du baron de T*** plus agréable.

Mes visites chez lui se multiplièrent. Il[2] me chargea de quelques travaux relatifs à sa mission, et qu'il croyait pouvoir me confier sans inconvénient. Ellénore fut d'abord surprise de cette révolution dans ma vie ; mais je lui parlai de l'amitié du baron pour mon père, et du

---

1. Le texte de l'édition porte « dernière visite », formule pléonastique, à laquelle on a préféré la leçon des manuscrits et de l'édition de 1816.
2. *M1* est plus explicite et concret : « se multiplièrent. Je l'accompagnais souvent à cheval. Je fus de toutes ses réunions, de toutes ses fêtes. Je l'accompagnais dans ses promenades. Il ».

plaisir que je goûtais à consoler ce dernier de mon absence, en ayant l'air de m'occuper utilement. La pauvre Ellénore, je l'écris dans ce moment avec un sentiment de remords, éprouva quelque joie de ce que je paraissais plus tranquille, et se résigna, sans trop se plaindre, à passer souvent la plus grande partie de la journée séparée de moi. Le baron, de son côté, lorsqu'un peu de confiance se fut établie entre nous, me reparla d'Ellénore. Mon intention positive était toujours d'en dire du bien, mais, sans m'en apercevoir, je m'exprimais sur elle d'un ton plus leste et plus dégagé : tantôt j'indiquais, par des maximes générales, que je reconnaissais la nécessité de m'en détacher ; tantôt la plaisanterie venait à mon secours ; je parlais, en riant, des femmes et de la difficulté de rompre avec elles. Ces discours amusaient un vieux ministre dont l'âme était usée, et qui se rappelait vaguement que, dans sa jeunesse, il avait aussi été tourmenté par des intrigues d'amour. De la sorte, par cela seul que j'avais un sentiment caché, je trompais plus ou moins tout le monde : je trompais Ellénore, car je savais que le baron voulait m'éloigner d'elle, et je le lui taisais ; je trompais M. de T***, car je lui laissais espérer que j'étais prêt à briser mes liens. Cette duplicité était fort éloignée de mon caractère naturel : mais l'homme se déprave dès qu'il a dans le cœur une seule pensée qu'il est constamment forcé de dissimuler [1].

Jusqu'alors je n'avais fait connaissance, chez le baron de T***, qu'avec les hommes qui composaient sa société particulière. Un jour il me proposa de rester à une grande fête qu'il donnait pour la naissance de son maître [2]. Vous y rencontrerez, me dit-il, les plus jolies femmes de

---

1. Dans ce jugement moral qui fait écho aux réflexions sur la nature de la jeunesse à la fin du premier chapitre, Constant n'est pas loin de Rousseau et de son idéal de transparence. **2.** Le baron de T*** a donc un maître. Si le texte est peu disert sur ce « maître », ce détail, de même que l'évocation des « vassaux » d'Ellénore, montre que toute la vie sociale est commandée par une hiérarchie, dont l'ordre est aussi puissant que la main en est invisible. C'est l'une des figures de la puissance qu'exerce la société sur les individus, thème central chez Constant.

Pologne : vous n'y trouverez pas, il est vrai, celle que vous aimez ; j'en suis fâché, mais il y a des femmes que l'on ne voit que chez elles. Je fus péniblement affecté de cette phrase ; je gardai le silence, mais je me reprochais intérieurement de ne pas défendre Ellénore, qui, si l'on m'eût attaqué en sa présence, m'aurait si vivement défendu.

L'assemblée était nombreuse ; on m'examinait avec attention. J'entendais répéter tout bas, autour de moi, le nom de mon père, celui d'Ellénore, celui du comte de P***. On se taisait à mon approche ; on recommençait quand je m'éloignais. Il m'était démontré que l'on se racontait mon histoire, et chacun, sans doute, la racontait à sa manière. Ma situation était insupportable ; mon front était couvert d'une sueur froide. Tour à tour je rougissais et je pâlissais.

Le baron s'aperçut de mon embarras. Il vint à moi, redoubla d'attentions et de prévenances, chercha toutes les occasions de me donner des éloges, et l'ascendant de sa considération força bientôt les autres à me témoigner les mêmes égards.

Lorsque tout le monde se fut retiré, Je voudrais, me dit M. de T***, vous parler encore une fois à cœur ouvert. Pourquoi voulez-vous rester dans une situation dont vous souffrez ? À qui faites-vous du bien ? Croyez-vous que l'on ne sache pas ce qui se passe entre vous et Ellénore ? Tout le public est informé de votre aigreur et de votre mécontentement réciproque. Vous vous faites du tort par votre faiblesse, vous ne vous en faites pas moins par votre dureté ; car, pour comble d'inconséquence, vous ne la rendez pas heureuse, cette femme qui vous rend si malheureux.

J'étais encore froissé de la douleur que j'avais éprouvée. Le baron me montra plusieurs lettres de mon père. Elles annonçaient une affliction bien plus vive que je ne l'avais supposée. Je fus ébranlé. L'idée que je prolongeais les agitations d'Ellénore vint ajouter à mon irrésolution. Enfin, comme si tout s'était réuni contre elle, tandis que j'hésitais, elle-même, par sa véhémence, acheva de me décider. J'avais été absent tout le jour ; le baron m'avait retenu chez lui après l'assemblée ; la nuit s'avançait. On me remit de la part d'Ellénore une lettre en présence du baron de T***. Je vis dans les yeux de ce dernier une sorte de pitié de ma servitude. La lettre d'Ellénore était pleine d'amertume. Quoi, me dis-je, je ne puis passer un jour libre ! je ne puis respirer une heure en paix ! Elle me poursuit partout, comme un esclave qu'on doit ramener à ses pieds ; et, d'autant plus violent que je me sentais plus faible, Oui, m'écriai-je, je le prends, l'engagement de rompre avec Ellénore, j'oserai [1] le lui déclarer moi-même ; vous pouvez d'avance en instruire mon père.

En disant ces mots, je m'élançai loin du baron. J'étais oppressé des paroles que je venais de prononcer, et je ne croyais qu'à peine à la promesse que j'avais donnée.

Ellénore m'attendait avec impatience. Par un hasard étrange, on lui avait parlé, pendant mon absence, pour la première fois, des efforts du baron de T*** pour me détacher d'elle. On lui avait rapporté les discours que j'avais tenus, les plaisanteries que j'avais faites. Ses soupçons étant éveillés, elle avait rassemblé dans son esprit plusieurs circonstances qui lui paraissaient les confirmer. Ma liaison subite avec un homme que je ne voyais jamais autrefois, l'intimité qui existait entre cet homme et mon père, lui semblaient des preuves irréfragables. Son inquiétude avait fait tant de progrès en peu d'heures, que je la trouvai pleinement convaincue de ce qu'elle nommait ma perfidie.

J'étais arrivé auprès d'elle, décidé à lui tout dire. Accusé par elle, le croira-t-on ? je ne m'occupai qu'à tout éluder. Je niai même, oui, je niai ce jour-là ce que j'étais déterminé à lui déclarer le lendemain.

Il était tard ; je la quittai ; je me hâtai de me coucher pour terminer cette longue journée ; et quand je fus bien

---

1. *Var.* (*M1* et *M2*) : « avec Ellénore, je le remplirai dans trois jours, j'oserai », leçon qui n'a été retenue ni dans les éditions de 1816 ni dans celle de 1824. La précision introduisait un délai évoqué à la fin de ce chapitre (p. 129).

sûr qu'elle était finie, je me sentis, pour le moment, délivré d'un poids énorme.

Je ne me levai le lendemain que vers le milieu du jour, comme si, en retardant le commencement de notre entrevue, j'avais retardé l'instant fatal.

Ellénore s'était rassurée pendant la nuit, et par ses propres réflexions et par mes discours de la veille. Elle me parla de ses affaires avec un air de confiance qui n'annonçait que trop qu'elle regardait nos existences comme indissolublement unies. Où trouver des paroles qui la repoussassent dans l'isolement ?

Le temps s'écoulait avec une rapidité effrayante. Chaque minute ajoutait à la nécessité d'une explication. Des trois jours que j'avais fixés, déjà le second était près de disparaître. M. de T*** m'attendait au plus tard le surlendemain. Sa lettre pour mon père était partie, et j'allais manquer à ma promesse sans avoir fait pour l'exécuter la moindre tentative. Je sortais, je rentrais, je prenais la main d'Ellénore, je commençais une phrase que j'interrompais aussitôt, je regardais la marche du soleil qui s'inclinait vers l'horizon. La nuit revint, j'ajournai de nouveau. Un jour me restait : c'était assez d'une heure.

Ce jour se passa comme le précédent. J'écrivis à M. de T*** pour lui demander du temps encore : et, comme il est naturel aux caractères faibles de le faire, j'entassai dans ma lettre mille raisonnements pour justifier mon retard, pour démontrer qu'il ne changeait rien à la résolution que j'avais prise, et que, dès l'instant même, on pouvait regarder mes liens avec Ellénore comme brisés pour jamais.

CHAPITRE X

Je passai les jours suivants plus tranquille. J'avais rejeté dans le vague la nécessité d'agir ; elle ne me poursuivait plus comme un spectre ; je croyais avoir tout le temps de préparer Ellénore. Je voulais être plus doux, plus tendre avec elle, pour conserver au moins des souvenirs d'amitié. Mon trouble était tout différent de celui que j'avais connu jusqu'alors. J'avais imploré le ciel pour qu'il élevât soudain entre Ellénore et moi un obstacle que je ne pusse franchir. Cet obstacle s'était élevé. Je fixais mes regards sur Ellénore comme sur un être que j'allais perdre. L'exigence, qui m'avait paru tant de fois insupportable, ne m'effrayait plus ; je m'en sentais affranchi d'avance. J'étais plus libre en lui cédant encore, et je n'éprouvais plus cette révolte intérieure qui jadis me portait sans cesse à tout déchirer. Il n'y avait plus en moi d'impatience : il y avait, au contraire, un désir secret de retarder le moment funeste.

Ellénore s'aperçut de cette disposition plus affectueuse et plus sensible : elle-même devint moins amère. Je recherchais des entretiens que j'avais évités : je jouissais de ses expressions d'amour, naguère importunes, précieuses maintenant, comme pouvant chaque fois être les dernières.

Un soir, nous nous étions quittés après une conversation plus douce que de coutume. Le secret que je renfermais dans mon sein me rendait triste ; mais ma tristesse n'avait rien de violent. L'incertitude sur l'époque de la séparation que j'avais voulue me servait à en écarter l'idée. La nuit, j'entendis dans le château un bruit inusité. Ce bruit cessa bientôt, et je n'y attachai point d'importance. Le matin cependant, l'idée m'en revint : j'en voulus savoir la cause, et je dirigeai mes pas vers la chambre d'Ellénore. Quel fut mon étonnement, lorsqu'on me dit que depuis douze heures elle avait une fièvre ardente, qu'un médecin que ses gens avaient fait appeler déclarait sa vie en danger, et qu'elle avait défendu impérieusement que l'on m'avertît ou qu'on me laissât pénétrer jusqu'à elle !

Je voulus insister. Le médecin sortit lui-même pour me représenter la nécessité de ne lui causer aucune émotion. Il attribuait sa défense, dont il ignorait le motif, au désir de ne pas me causer d'alarmes. J'interrogeai les gens d'Ellénore avec angoisse sur ce qui avait pu la plonger d'une manière si subite dans un état si dangereux. La veille, après m'avoir quitté, elle avait reçu de Varsovie une lettre apportée par un homme à cheval ; l'ayant ouverte et parcourue, elle s'était évanouie ; revenue à elle, elle s'était jetée sur son lit sans prononcer une parole. L'une de ses femmes, inquiète de l'agitation qu'elle remarquait en elle, était restée dans sa chambre à son insu ; vers le milieu de la nuit, cette femme l'avait vue saisie d'un tremblement qui ébranlait le lit sur lequel elle était couchée : elle avait voulu m'appeler ; Ellénore s'y était opposée avec une espèce de terreur tellement violente qu'on n'avait osé lui désobéir. On avait envoyé chercher un médecin ; Ellénore avait refusé, refusait encore de lui répondre ; elle avait passé la nuit, prononçant des mots entrecoupés qu'on n'avait pu comprendre, et appuyant souvent son mouchoir sur sa bouche, comme pour s'empêcher de parler.

Tandis qu'on me donnait ces détails, une autre femme, qui était restée près d'Ellénore, accourut tout effrayée. Ellénore paraissait avoir perdu l'usage de ses sens. Elle ne distinguait rien de ce qui l'entourait. Elle poussait quelquefois des cris, elle répétait mon nom, puis, épouvantée, elle faisait signe de la main, comme pour que l'on éloignât d'elle quelque objet qui lui était odieux.

J'entrai dans sa chambre. Je vis au pied de son lit deux lettres. L'une était la mienne au baron de T***, l'autre était de lui-même à Ellénore. Je ne conçus que trop alors le mot de cette affreuse énigme. Tous mes efforts pour obtenir le temps que je voulais consacrer encore aux derniers adieux s'étaient tournés de la sorte contre l'infortunée que j'aspirais à ménager. Ellénore avait lu, tracées de ma main, mes promesses de l'abandonner, promesses qui n'avaient été dictées que par le désir de rester plus longtemps près d'elle, et que la vivacité de ce désir même m'avait porté à répéter, à développer de mille manières. L'œil indifférent de M. de T*** avait facilement démêlé dans ces protestations réitérées à chaque ligne l'irrésolution que je déguisais, et les ruses de ma propre incertitude. Mais le cruel avait trop bien calculé qu'Ellénore y verrait un arrêt irrévocable. Je m'approchai d'elle : elle me regarda sans me reconnaître. Je lui parlai : elle tressaillit. Quel est ce bruit ? s'écria-t-elle ; c'est la voix qui m'a fait du mal [1]. Le médecin remarqua que ma présence ajoutait à son délire, et me conjura de m'éloigner. Comment peindre ce que j'éprouvai pendant trois longues heures ? Le médecin sortit enfin. Ellénore était tombée dans un profond assoupissement. Il ne désespérait pas de la sauver, si, à son réveil, la fièvre était calmée.

Ellénore dormit longtemps. Instruit de son réveil, je lui écrivis pour lui demander de me recevoir. Elle me fit dire d'entrer. Je voulus parler ; elle m'interrompit. Que je n'entende de vous, dit-elle, aucun mot cruel. Je ne réclame plus, je ne m'oppose à rien ; mais que cette voix que j'ai tant aimée, que cette voix qui retentissait au fond de mon cœur n'y pénètre pas pour le déchirer. Adolphe, Adolphe, j'ai été violente, j'ai pu vous offenser ; mais vous ne savez pas ce que j'ai souffert. Dieu veuille que jamais vous ne le sachiez.

Son agitation devint extrême. Elle posa son front sur ma main ; il était brûlant ; une contraction terrible défigurait ses traits. Au nom du ciel, m'écriai-je, chère Ellénore, écoutez-moi. Oui, je suis coupable : cette lettre... Elle frémit et voulut s'éloigner. Je la retins. Faible, tourmenté, continuai-je, j'ai pu céder un moment à une instance cruelle ; mais n'avez-vous pas vous-même mille preuves que je ne puis vouloir ce qui nous sépare ? J'ai été mécontent, malheureux, injuste ; peut-être, en luttant avec trop de violence contre une imagination rebelle, avez-vous donné de la force à des velléités passagères que je méprise aujourd'hui ; mais pouvez-vous douter de mon affection profonde ? nos âmes ne sont-elles pas enchaînées l'une à l'autre par mille liens que rien ne peut rompre ? tout le passé ne nous est-il pas commun ?

---

1. Dans le « Journal abrégé », Constant relève que Charlotte de Hardenberg a été très sensible à la voix, lors de sa maladie à Dole : « J'ai voulu lui parler, elle a frémi à ma voix. Elle a dit : "Cette voix, cette voix, c'est la voix qui m'a fait du mal. Cet homme m'a tuée" » (*Journaux intimes*, 12 décembre 1807, *op. cit.*, p. 672).

pouvons-nous jeter un regard sur les trois années qui viennent de finir sans nous retracer des impressions que nous avons partagées, des plaisirs que nous avons goûtés, des peines que nous avons supportées ensemble ? Ellénore, commençons en ce jour une nouvelle époque, rappelons les heures du bonheur et de l'amour. Elle me regarda quelque temps avec l'air du doute. Votre père, reprit-elle enfin, vos devoirs, votre famille, ce qu'on attend de vous ?... Sans doute, répondis-je, une fois, un jour, peut-être... Elle remarqua que j'hésitais. Mon Dieu, s'écria-t-elle, pourquoi m'avait-il rendu l'espérance pour me la ravir aussitôt ! Adolphe, je vous remercie de vos efforts : ils m'ont fait du bien, d'autant plus de bien qu'ils ne vous coûteront, je l'espère, aucun sacrifice ; mais, je vous en conjure, ne parlons plus de l'avenir. Ne vous reprochez rien, quoi qu'il arrive. Vous avez été bon pour moi. J'ai voulu ce qui n'était pas possible. L'amour était toute ma vie : il ne pouvait être la vôtre [1]. Soignez-moi maintenant quelques jours encore. Des larmes coulèrent abondamment de ses yeux ; sa respiration fut moins oppressée ; elle appuya sa tête sur mon épaule. C'est ici, dit-elle, que j'ai toujours désiré mourir. Je la serrai contre mon cœur, j'abjurai de nouveau mes projets, je désavouai mes fureurs cruelles. Non, reprit-elle, il faut que vous soyez libre et content. – Puis-je l'être si vous êtes malheureuse ? – Je ne serai pas longtemps malheureuse, vous n'aurez pas longtemps à me plaindre. – Je rejetai loin de moi des craintes que je voulais croire chimériques. Non, non, cher Adolphe, me dit-elle, quand on a longtemps invoqué la mort, le ciel nous envoie à la fin je ne sais quel pressentiment infaillible qui nous avertit que notre prière est exaucée. – Je lui jurai de ne jamais la quitter. – Je l'ai toujours espéré, maintenant j'en suis sûre.

---

1. Bien plus qu'une question d'individus, c'est une question sociale que les propos d'Ellénore mettent en lumière : chacun des sexes a une attente différente, contradictoire, de l'amour. Cette différence est un des paramètres de la déchirure entre les deux personnages (voir Présentation).

C'était une de ces journées d'hiver où le soleil semble éclairer tristement la campagne grisâtre, comme s'il regardait en pitié la terre qu'il a cessé de réchauffer. Ellénore me proposa de sortir. Il fait bien froid, lui dis-je. – N'importe, je voudrais me promener avec vous. Elle prit mon bras ; nous marchâmes longtemps sans rien dire ; elle avançait avec peine, et se penchait sur moi presque tout entière. – Arrêtons-nous un instant. – Non, me répondit-elle, j'ai du plaisir à me sentir encore soutenue par vous. Nous retombâmes dans le silence. Le ciel était serein ; mais les arbres étaient sans feuilles ; aucun souffle n'agitait l'air, aucun oiseau ne le traversait : tout était immobile, et le seul bruit qui se fît entendre était celui de l'herbe glacée qui se brisait sous nos pas. Comme tout est calme ! me dit Ellénore ; comme la nature se résigne ! le cœur aussi ne doit-il pas apprendre à se résigner ? Elle s'assit sur une pierre ; tout à coup elle se mit à genoux, et baissant la tête, elle l'appuya sur ses deux mains. J'entendis quelques mots prononcés à voix basse. Je m'aperçus qu'elle priait. Se relevant enfin, Rentrons, dit-elle, le froid m'a saisie. J'ai peur de me trouver mal. Ne me dites rien ; je ne suis pas en état de vous entendre.

À dater de ce jour, je vis Ellénore s'affaiblir et dépérir. Je rassemblai de toutes parts des médecins autour d'elle : les uns m'annoncèrent un mal sans remède, d'autres me bercèrent d'espérances vaines ; mais la nature sombre et silencieuse poursuivait d'un bras invisible son travail impitoyable. Par moments, Ellénore semblait reprendre à la vie. On eût dit quelquefois que la main de fer qui pesait sur elle s'était retirée. Elle relevait sa tête languissante ; ses joues se couvraient de couleurs un peu plus vives ; ses yeux se ranimaient : mais tout à coup, par le jeu cruel d'une puissance inconnue, ce mieux mensonger disparaissait, sans que l'art en pût deviner la cause [1]. Je

---

1. À la contrainte sociale se superpose celle d'une nature représentée ici comme une force négative. Personnifiée et incarnée dans le paysage d'hiver de l'ultime promenade d'Ellénore, elle est le symbole d'une fatalité, mieux, de la présence du divin dans cette fin de récit sur laquelle, se substituant à la société, pèse « une main de fer » : s'il faut distinguer

la vis de la sorte marcher par degrés à la destruction. Je vis se graver sur cette figure si noble et si expressive les signes avant-coureurs de la mort. Je vis, spectacle humiliant et déplorable ! ce caractère énergique et fier recevoir de la souffrance physique mille impressions confuses et incohérentes, comme si, dans ces instants terribles, l'âme, froissée par le corps, se métamorphosait en tout sens pour se plier avec moins de peine à la dégradation des organes.

Un seul sentiment ne varia jamais dans le cœur d'Ellénore : ce fut sa tendresse pour moi. Sa faiblesse lui permettait rarement de me parler ; mais elle fixait sur moi ses yeux en silence, et il me semblait alors que ses regards me demandaient la vie que je ne pouvais plus lui donner. Je craignais de lui causer une émotion violente ; j'inventais des prétextes pour sortir : je parcourais au hasard tous les lieux où je m'étais trouvé avec elle ; j'arrosais de mes pleurs les pierres, le pied des arbres, tous les objets qui me retraçaient son souvenir.

Ce n'étaient pas les regrets de l'amour, c'était un sentiment plus sombre et plus triste ; l'amour s'identifie tellement à l'objet aimé, que dans son désespoir même il y a quelque charme. Il lutte contre la réalité, contre la destinée ; l'ardeur de son désir le trompe sur ses forces, et l'exalte au milieu de sa douleur. La mienne était morne et solitaire ; je n'espérais point mourir avec Ellénore ; j'allais vivre sans elle dans ce désert du monde [1], que j'avais souhaité tant de fois de traverser indépendant. J'avais brisé l'être qui m'aimait ; j'avais brisé ce cœur, compagnon du mien, qui avait persisté à se dévouer à moi, dans sa tendresse infatigable ; déjà l'isolement m'atteignait. Ellénore respirait encore, mais je ne pouvais

---

cette « puissance inconnue » du Dieu révélé que va prier Ellénore, elle n'en est pas moins une manifestation du divin dans la fatalité. Sur le sens religieux d'*Adolphe*, voir Présentation. **1.** L'oxymore « désert du monde » est une réminiscence de Rousseau qui évoque Paris comme un « vaste désert du monde » dans *La Nouvelle Héloïse* (II, 14), expression reprise par Chateaubriand dans *René* (« vaste désert d'hommes », *op. cit.*, p. 177).

déjà plus lui confier mes pensées ; j'étais déjà seul sur la terre [1] ; je ne vivais plus dans cette atmosphère d'amour qu'elle répandait autour de moi ; l'air que je respirais me paraissait plus rude, les visages des hommes que je rencontrais, plus indifférents ; toute la nature semblait me dire que j'allais à jamais cesser d'être aimé.

Le danger d'Ellénore devint tout à coup plus imminent ; des symptômes qu'on ne pouvait méconnaître annoncèrent sa fin prochaine : un prêtre de sa religion l'en avertit. Elle me pria de lui apporter une cassette [2] qui contenait beaucoup de papiers ; elle en fit brûler plusieurs devant elle, mais elle paraissait en chercher un qu'elle ne trouvait point, et son inquiétude était extrême. Je la suppliai de cesser cette recherche qui l'agitait, et pendant laquelle, deux fois, elle s'était évanouie. J'y consens, me répondit-elle ; mais, cher Adolphe, ne me refusez pas une prière. Vous trouverez parmi mes papiers, je ne sais où, une lettre qui vous est adressée ; brûlez-la sans la lire, je vous en conjure au nom de notre amour, au nom de ces derniers moments que vous avez adoucis. Je le lui promis ; elle fut plus tranquille. Laissez-moi me livrer à présent, me dit-elle, aux devoirs de ma religion ; j'ai bien des fautes à expier : mon amour pour vous fut peut-être une faute ; je ne le croirais pourtant pas, si cet amour avait pu vous rendre heureux.

Je la quittai : je ne rentrai qu'avec tous ses gens pour assister aux dernières et solennelles prières ; à genoux dans un coin de sa chambre, tantôt je m'abîmais dans mes pensées, tantôt je contemplais, par une curiosité involontaire, tous ces hommes réunis, la terreur des uns,

---

1. Écho à l'*incipit* des *Rêveries du promeneur solitaire* de Jean-Jacques Rousseau : « Me voici donc seul sur la terre. » Le parcours d'Adolphe s'achève là où commence celui du promeneur solitaire ; le premier va vers la mort, par opposition au second qui renaît dans la solitude.
2. C'est aussi dans une « cassette » remise par erreur au mauvais destinataire que l'histoire d'Adolphe est révélée. La reprise du terme et du schème narratif du document retrouvé inscrit un effet spéculaire entre le récit et le cadre ; dans l'un et l'autre cas, Adolphe et l'éditeur occupent la position de lecteurs indiscrets.

la distraction des autres, et cet effet singulier de l'habitude qui introduit l'indifférence dans toutes les pratiques prescrites, et qui fait regarder les cérémonies les plus augustes et les plus terribles comme des choses convenues et de pure forme ; j'entendais ces hommes répéter machinalement les paroles funèbres, comme si eux aussi n'eussent pas dû être acteurs un jour dans une scène pareille, comme si eux aussi n'eussent pas dû mourir un jour. J'étais loin cependant de dédaigner ces pratiques ; en est-il une seule dont l'homme, dans son ignorance, ose prononcer l'inutilité ? Elles rendaient du calme à Ellénore : elles l'aidaient à franchir ce pas terrible vers lequel nous avançons tous, sans qu'aucun de nous puisse prévoir ce qu'il doit éprouver alors. Ma surprise n'est pas que l'homme ait besoin d'une religion ; ce qui m'étonne, c'est qu'il se croie jamais assez fort, assez à l'abri du malheur pour oser en rejeter une : il devrait, ce me semble, être porté, dans sa faiblesse, à les invoquer toutes ; dans la nuit épaisse qui nous entoure, est-il une lueur que nous puissions repousser ? au milieu du torrent qui nous entraîne, est-il une branche à laquelle nous osions refuser de nous retenir [1] ?

L'impression produite sur Ellénore par une solennité si lugubre parut l'avoir fatiguée. Elle s'assoupit d'un sommeil assez paisible ; elle se réveilla moins souffrante ; j'étais seul dans sa chambre ; nous nous parlions de temps en temps à de longs intervalles. Le médecin qui s'était montré le plus habile dans ses conjectures m'avait prédit qu'elle ne vivrait pas vingt-quatre heures ; je regardais tour à tour une pendule qui marquait les heures, et le visage d'Ellénore, sur lequel je n'apercevais nul changement nouveau. Chaque minute qui s'écoulait ranimait mon espérance, et je révoquais en doute les présages d'un art mensonger. Tout à coup Ellénore s'élança par un mouvement subit ; je la retins dans mes bras : un tremblement convulsif agitait tout son corps ; ses yeux me

1. Après l'évocation d'une « puissance inconnue », c'est la religion qui entre en scène.

cherchaient, mais dans ses yeux se peignait un effroi vague, comme si elle eût demandé grâce à quelque objet menaçant qui se dérobait à mes regards : elle se relevait, elle retombait, on voyait qu'elle s'efforçait de fuir ; on eût dit qu'elle luttait contre une puissance physique invisible, qui, lassée d'attendre le moment funeste, l'avait saisie et la retenait pour l'achever sur ce lit de mort. Elle céda enfin à l'acharnement de la nature ennemie ; ses membres s'affaissèrent, elle sembla reprendre quelque connaissance : elle me serra la main ; elle voulut pleurer, il n'y avait plus de larmes ; elle voulut parler, il n'y avait plus de voix : elle laissa tomber, comme résignée, sa tête sur le bras qui l'appuyait ; sa respiration devint plus lente : quelques instants après, elle n'était plus [1].

Je demeurai longtemps immobile près d'Ellénore sans vie. La conviction de sa mort n'avait pas encore pénétré dans mon âme ; mes yeux contemplaient avec un étonnement stupide ce corps inanimé. Une de ses femmes, étant entrée, répandit dans la maison la sinistre nouvelle. Le bruit qui se fit autour de moi me tira de la léthargie où j'étais plongé ; je me levai : ce fut alors que j'éprouvai la douleur déchirante et toute l'horreur de l'adieu sans retour. Tant de mouvement, cette activité de la vie vulgaire, tant de soins et d'agitations qui ne la regardaient plus, dissipèrent cette illusion que je prolongeais, cette illusion par laquelle je croyais encore exister avec Ellénore. Je sentis le dernier lien se rompre, et l'affreuse réalité se placer à jamais entre elle et moi. Combien elle me pesait, cette liberté que j'avais tant regrettée ! Combien elle manquait à mon cœur, cette dépendance qui m'avait révolté souvent ! Naguère, toutes mes actions avaient un but ; j'étais sûr, par chacune d'elles, d'épargner une peine ou de causer un plaisir : je m'en plaignais alors ; j'étais impatienté qu'un œil ami observât mes démarches, que

1. La critique a rapproché ce récit de l'agonie d'Ellénore de celui de la mort de Julie Talma dans la *Lettre sur Julie* (dans *Œuvres*, *op. cit.*, p. 849). Certains détails se font écho, notamment la perte de la parole, le serrement de main ; la confrontation des deux textes permet surtout de mesurer la part de dramatisation romanesque dans *Adolphe*.

le bonheur d'un autre y fût attaché. Personne maintenant ne les observait ; elles n'intéressaient personne ; nul ne me disputait mon temps ni mes heures ; aucune voix ne me rappelait quand je sortais : j'étais libre en effet ; je n'étais plus aimé : j'étais étranger pour tout le monde [1].

L'on m'apporta tous les papiers d'Ellénore, comme elle l'avait ordonné ; à chaque ligne, j'y rencontrai de nouvelles preuves de son amour, de nouveaux sacrifices qu'elle m'avait faits et qu'elle m'avait cachés. Je trouvai enfin cette lettre que j'avais promis de brûler ; je ne la reconnus pas d'abord ; elle était sans adresse, elle était ouverte [2] : quelques mots frappèrent mes regards malgré moi ; je tentai vainement de les en détourner, je ne pus résister au besoin de la lire tout entière. Je n'ai pas la force de la transcrire : Ellénore l'avait écrite après une des scènes violentes qui avaient précédé sa maladie. Adolphe, me disait-elle, pourquoi vous acharnez-vous sur moi ? quel est mon crime ? de vous aimer, de ne pouvoir exister sans vous. Par quelle pitié bizarre n'osez-vous rompre un lien qui vous pèse, et déchirez-vous l'être malheureux près de qui votre pitié vous retient ? Pourquoi me refusez-vous le triste plaisir de vous croire au moins généreux ? Pourquoi vous montrez-vous furieux et faible ? L'idée de ma douleur vous poursuit, et le spectacle de cette douleur ne peut vous arrêter ! Qu'exigez-vous ? que je vous quitte ? Ne voyez-vous pas que je n'en ai pas la force ? Ah ! c'est à vous, qui n'aimez pas, c'est à vous à la trouver, cette force dans ce cœur lassé de moi,

---

1. « Étranger » : tel sera-t-il qualifié par l'éditeur lorsqu'ils se rencontreront en Calabre. La mort d'Ellénore met au jour un dilemme fondamental chez Constant, entre le lien avec autrui vécu comme perte de l'indépendance et la déliaison qui rend l'individu étranger à la société dans laquelle il vit. En déplaçant le plan du sentimental vers le politique, nous ne sommes pas loin des analyses de Tocqueville dans *De la démocratie en Amérique* (1835-1840), pour qui « l'esprit d'indépendance individuelle » est un des principaux dangers qui menacent la démocratie, en ce qu'il entraîne une perte du sens de la communauté. **2.** Corrigeant *M1*, Constant avait écrit en marge : « de brûler. Elle était de sa main : elle m'était adressée : elle était ouverte ». Mais, biffant la correction, il est revenu à l'idée d'une lettre sans adresse.

que tant d'amour ne saurait désarmer. Vous ne me la donnerez pas, vous me ferez languir dans les larmes, vous me ferez mourir à vos pieds. Dites un mot, écrivait-elle ailleurs. Est-il un pays où je ne vous suive ? est-il une retraite où je ne me cache pour vivre auprès de vous, sans être un fardeau dans votre vie ? Mais non, vous ne le voulez pas. Tous les projets que je propose, timide et tremblante, car vous m'avez glacée d'effroi, vous les repoussez avec impatience. Ce que j'obtiens de mieux, c'est votre silence. Tant de dureté ne convient pas à votre caractère. Vous êtes bon ; vos actions sont nobles et dévouées : mais quelles actions effaceraient vos paroles ? Ces paroles acérées retentissent autour de moi : je les entends la nuit ; elles me suivent, elles me dévorent, elles flétrissent tout ce que vous faites. Faut-il donc que je meure, Adolphe ? Eh bien, vous serez content ; elle mourra, cette pauvre créature que vous avez protégée, mais que vous frappez à coups redoublés. Elle mourra, cette importune Ellénore que vous ne pouvez supporter autour de vous, que vous regardez comme un obstacle, pour qui vous ne trouvez pas sur la terre une place qui ne vous fatigue ; elle mourra : vous marcherez seul au milieu de cette foule à laquelle vous êtes impatient de vous mêler. Vous les connaîtrez, ces hommes que vous remerciez aujourd'hui d'être indifférents ; et peut-être un jour, froissé par ces cœurs arides, vous regretterez ce cœur dont vous disposiez, qui vivait de votre affection, qui eût bravé mille périls pour votre défense, et que vous ne daignez plus récompenser d'un regard [1].

1. Dans l'épilogue de *Werther*, l'éditeur cite les dernières lettres du personnage après sa mort, comme témoignages de son trouble et de son dégoût de la vie. Constant donne à ce motif de la parole d'outre-tombe un sens beaucoup plus dramatique.

LETTRE À L'ÉDITEUR [1]

Je vous renvoie, monsieur, le manuscrit que vous avez eu la bonté de me confier. Je vous remercie de cette complaisance, bien qu'elle ait réveillé en moi de tristes souvenirs, que le temps avait effacés ; j'ai connu la plupart de ceux qui figurent dans cette histoire, car elle n'est que trop vraie. J'ai vu souvent ce bizarre et malheureux Adolphe, qui en est à la fois l'auteur et le héros ; j'ai tenté d'arracher par mes conseils cette charmante Ellénore, digne d'un sort plus doux et d'un cœur plus fidèle, à l'être malfaisant qui, non moins misérable qu'elle, la dominait par une espèce de charme, et la déchirait par sa faiblesse. Hélas ! la dernière fois que je l'ai vue, je croyais lui avoir donné quelque force, avoir armé sa raison contre son cœur. Après une trop longue absence, je suis revenu dans les lieux où je l'avais laissée, et je n'ai trouvé qu'un tombeau.

Vous devriez, monsieur, publier cette anecdote. Elle ne peut désormais blesser personne, et ne serait pas, à mon avis, sans utilité. Le malheur d'Ellénore prouve [2] que le sentiment le plus passionné ne saurait lutter contre

---

1. Le manuscrit de 1810 s'arrête à la fin du récit. La « Lettre à l'éditeur » et la « Réponse » ont dû être rédigées plus tard, sans doute en 1816 au moment de l'impression. Ces deux textes figurent dans toutes les éditions sans variantes. **2.** Dans la « Lettre à l'éditeur », l'anecdote prend une fonction de « preuve », assignant au récit la fonction qu'Aristote lui donne dans sa *Rhétorique.* Dans sa « Réponse », l'éditeur commencera par contester cette fonction utilitaire, ouvrant sur l'idée qu'un ouvrage ne doit pas avoir un *but* moral mais un *résultat* moral.

l'ordre des choses. La société est trop puissante, elle se reproduit sous trop de formes, elle mêle trop d'amertumes à l'amour qu'elle n'a pas sanctionné ; elle favorise ce penchant à l'inconstance, et cette fatigue impatiente, maladies de l'âme, qui la saisissent quelquefois subitement au sein de l'intimité. Les indifférents ont un empressement merveilleux à être tracassiers au nom de la morale et nuisibles par zèle pour la vertu ; on dirait que la vue de l'affection les importune, parce qu'ils en sont incapables ; et quand ils peuvent se prévaloir d'un prétexte, ils jouissent de l'attaquer et de la détruire. Malheur donc à la femme qui se repose sur un sentiment que tout se réunit pour empoisonner, et contre lequel la société, lorsqu'elle n'est pas forcée à le respecter comme légitime, s'arme de tout ce qu'il y a de mauvais dans le cœur de l'homme pour décourager tout ce qu'il y a de bon !

L'exemple d'Adolphe ne sera pas moins instructif, si vous ajoutez qu'après avoir repoussé l'être qui l'aimait, il n'a pas été moins inquiet, moins agité, moins mécontent ; qu'il n'a fait aucun usage d'une liberté reconquise au prix de tant de douleurs et de tant de larmes ; et qu'en se rendant bien digne de blâme, il s'est rendu aussi digne de pitié.

S'il vous en faut des preuves, monsieur, lisez ces lettres qui vous instruiront du sort d'Adolphe ; vous le verrez dans bien des circonstances diverses, et toujours la victime de ce mélange d'égoïsme et de sensibilité qui se combinait en lui pour son malheur et celui des autres ; prévoyant le mal avant de le faire, et reculant avec désespoir après l'avoir fait ; puni de ses qualités plus encore que de ses défauts, parce que ses qualités prenaient leur source dans ses émotions, et non dans ses principes ; tour à tour le plus dévoué et le plus dur des hommes, mais ayant toujours fini par la dureté, après avoir commencé par le dévouement, et n'ayant ainsi laissé de traces que de ses torts.

RÉPONSE

Oui, monsieur, je publierai le manuscrit que vous me renvoyez (non que je pense comme vous sur l'utilité dont il peut être ; chacun ne s'instruit qu'à ses dépens dans ce monde, et les femmes qui le liront s'imagineront toutes avoir rencontré mieux qu'Adolphe ou valoir mieux qu'Ellénore) ; mais je le publierai comme une histoire assez vraie de la misère du cœur humain. S'il renferme une leçon instructive, c'est aux hommes que cette leçon s'adresse : il prouve que cet esprit, dont on est si fier, ne sert ni à trouver du bonheur ni à en donner ; il prouve que le caractère, la fermeté, la fidélité, la bonté, sont les dons qu'il faut demander au ciel ; et je n'appelle pas bonté cette pitié passagère qui ne subjugue point l'impatience, et ne l'empêche pas de rouvrir les blessures qu'un moment de regret avait fermées. La grande question dans la vie, c'est la douleur que l'on cause [1], et la métaphysique la plus ingénieuse ne justifie pas l'homme qui a déchiré le cœur qui l'aimait. Je hais d'ailleurs cette fatuité

1. Dans la préface de *Delphine*, Germaine de Staël affirmait : « Il n'y a qu'un secret dans la vie, c'est le bien ou le mal qu'on a fait ; il se cache, ce secret, sous mille formes trompeuses ; vous souffrez longtemps sans l'avoir mérité, vous prospérez longtemps par des moyens condamnables, mais tout à coup votre sort se décide, le mot de votre énigme se révèle, et ce mot, votre conscience l'avait dit bien avant que le destin l'eût répété. C'est ainsi que l'histoire de l'homme doit être représentée dans les romans ; c'est ainsi que les fictions doivent nous expliquer, par nos vertus et nos sentiments, les mystères de notre sort » (*Œuvres complètes*, Champion, 2004, t. II, série II, p. 7). La « Réponse » développe ainsi une vision du roman, partagée avec Germaine de Staël et qui prolonge celle de la « Préface de la seconde édition ».

d'un esprit qui croit excuser ce qu'il explique ; je hais cette vanité qui s'occupe d'elle-même en racontant le mal qu'elle a fait, qui a la prétention de se faire plaindre en se décrivant, et qui, planant indestructible au milieu des ruines, s'analyse au lieu de se repentir. Je hais cette faiblesse qui s'en prend toujours aux autres de sa propre impuissance, et qui ne voit pas que le mal [1] n'est point dans ses alentours, mais qu'il est en elle. J'aurais deviné qu'Adolphe a été puni de son caractère par son caractère même, qu'il n'a suivi aucune route fixe, rempli aucune carrière utile, qu'il a consumé ses facultés sans autre direction que le caprice, sans autre force que l'irritation ; j'aurais, dis-je, deviné tout cela, quand vous ne m'auriez pas communiqué sur sa destinée de nouveaux détails, dont j'ignore encore si je ferai quelque usage. Les circonstances sont bien peu de chose, le caractère est tout ; c'est en vain qu'on brise avec les objets et les êtres extérieurs, on ne saurait briser avec soi-même. On change de situation, mais on transporte dans chacune le tourment dont on espérait se délivrer ; et comme on ne se corrige pas, en se déplaçant, l'on se trouve seulement avoir ajouté des remords aux regrets et des fautes aux souffrances.

FIN.

---

1. Constant reprend la question du *mal* posée dans l'épilogue de *René*. Chez Chateaubriand, le mal relève de l'individu (René, par opposition à Amélie), mais il est aussi inhérent à notre monde, qui est celui de la Chute. Constant propose une analyse immanente du mal, le renvoyant au « caractère » ou à la société (selon l'éditeur). Dans une lecture réformée, l'être est renvoyé à lui-même, avec un Dieu absent, soleil qui a cessé de « réchauffer la terre », mais qui se manifeste dans la maladie d'Ellénore.

ANNEXE

En date du 22 juin 1816, quelques jours après la sortie du volume, Constant note dans son journal : « paragraphe désolant sur Adolphe *dans les journaux*[1] *». Des journalistes avaient en effet proposé une lecture à clés du roman, comme on l'avait d'ailleurs fait dans l'entourage de Constant. Le lendemain, il répond par une lettre adressée à l'« Editor of the* Morning Chronicle *» : « Divers articles ont laissé entendre au public que le court roman d'*Adolphe *contenait des détails personnels sur moi et sur des personnes existant réellement. Il est de mon devoir de démentir toutes ces interprétations sans fondements. [...] Ni Ellénore, ni le père d'Adolphe, ni le comte de P*** n'ont aucune ressemblance avec quiconque de ma connaissance*[2]*. »*

À la suite de quoi, probablement entre le 25 et le 27 juin 1816, il rédige cette préface, qui prolonge sa protestation par des arguments d'ordre littéraire : chercher des clés, c'est passer à côté de la véritable portée du roman. Ce travail a été l'occasion d'une réflexion sur le sens que pouvait prendre son roman auprès d'un public élargi, réflexion dont on trouve également des éléments non retenus dans les fragments de brouillon[3]*. La deuxième édition a été tirée à peu d'exemplaires et très peu diffusée; sa trace a été perdue assez longtemps, au point qu'en 1919 Gustave Rudler n'a pu avoir accès qu'à la traduction anglaise de la*

---

1. *Journaux intimes*, *op. cit.*, p. 817. **2.** Cité dans G. Rudler, éd. citée, p. 157, ma traduction. **3.** Voir Dossier ; voir aussi les précisions utiles de Paul Delbouille dans son édition d'*Adolphe*, éd. citée, p. 213-217.

« Préface de la seconde édition » ; cela a dû être le cas de la plupart des lecteurs, jusqu'en 1933, date à laquelle un libraire lausannois, F. Lonchamp, a retrouvé un exemplaire de cette édition. Probablement parce qu'il considérait ce texte comme une réponse ponctuelle qui n'avait plus lieu d'être en 1824, Constant l'a remplacé dans la troisième édition par une nouvelle préface, dans laquelle il reprend cependant quelques éléments de la précédente.

PRÉFACE DE LA SECONDE ÉDITION,

ou Essai sur le caractère et le résultat moral de l'ouvrage

Le succès de ce petit ouvrage nécessitant une seconde édition, j'en profite pour y joindre quelques réflexions sur le caractère et la morale de cette anecdote à laquelle l'attention du public donne une valeur que j'étais loin d'y attacher.

J'ai déjà protesté contre les allusions qu'une malignité qui aspire au mérite de la pénétration, par d'absurdes conjectures, a cru y trouver. Si j'avais donné lieu réellement à des interprétations pareilles, s'il se rencontrait dans mon livre une seule phrase qui pût les autoriser, je me considérerais comme digne d'un blâme rigoureux.

Mais tous ces rapprochements prétendus sont heureusement trop vagues et trop dénués de vérité, pour avoir fait impression. Aussi n'avaient-ils point pris naissance dans la société. Ils étaient l'ouvrage de ces hommes qui, n'étant pas admis dans le monde, l'observent du dehors, avec une curiosité gauche et une vanité blessée, et cherchent à trouver ou à causer du scandale, dans une sphère au-dessus d'eux.

Ce scandale est si vite oublié que j'ai peut-être tort d'en parler ici. Mais j'en ai ressenti une pénible surprise, qui m'a laissé le besoin de répéter qu'aucun des caractères tracés dans *Adolphe* n'a de rapport avec aucun des individus que je connais, que je n'ai voulu en peindre aucun, ami ou indifférent ; car envers ceux-ci mêmes, je me crois lié par cet engagement tacite d'égards et de discrétion réciproque, sur lequel la société repose.

Au reste, des écrivains plus célèbres que moi ont éprouvé le même sort. L'on a prétendu que M. de Chateaubriand s'était décrit dans *René* ; et la femme la plus spirituelle de notre siècle, en même temps qu'elle est la meilleure, Madame de Staël, a été soupçonnée, non seulement de s'être peinte dans *Delphine* et dans *Corinne*, mais d'avoir tracé de quelques-unes de ses connaissances des portraits sévères ; imputations bien peu méritées ; car, assurément, le génie qui créa *Corinne* n'avait pas besoin des ressources de la méchanceté, et toute perfidie sociale est incompatible avec le caractère de Madame de Staël, ce caractère si noble, si courageux dans la persécution, si fidèle dans l'amitié, si généreux dans le dévouement.

Cette fureur de reconnaître dans les ouvrages d'imagination les individus qu'on rencontre dans le monde, est pour ces ouvrages un véritable fléau. Elle les dégrade, leur imprime une direction fausse, détruit leur intérêt et anéantit leur utilité. Chercher des allusions dans un roman, c'est préférer la tracasserie à la nature, et substituer le commérage à l'observation du cœur humain.

Je pense, je l'avoue, qu'on a pu trouver dans *Adolphe* un but plus utile et, si j'ose le dire, plus relevé.

Je n'ai pas seulement voulu prouver le danger de ces liens irréguliers, où l'on est d'ordinaire d'autant plus enchaîné qu'on se croit plus libre. Cette démonstration aurait bien eu son utilité ; mais ce n'était pas là toutefois mon idée principale.

Indépendamment de ces liaisons établies que la société tolère et condamne, il y a dans la simple habitude d'emprunter le langage de l'amour, et de se donner ou de faire naître en d'autres des émotions de cœur passagères, un danger qui n'a pas été suffisamment apprécié jusqu'ici. L'on s'engage dans une route dont on ne saurait prévoir le terme, l'on ne sait ni ce qu'on inspirera, ni ce qu'on s'expose à éprouver. L'on porte en se jouant des coups dont on ne calcule ni la force, ni la réaction sur soi-même ; et la blessure qui semble effleurer, peut être incurable.

Les femmes coquettes font déjà beaucoup de mal, bien que les hommes, plus forts, plus distraits du sentiment par des occupations impérieuses, et destinés à servir de centre à ce qui les entoure, n'aient pas au même degré que les femmes, la noble et dangereuse faculté de vivre dans un autre et pour un autre. Mais combien ce manège, qu'au premier coup d'œil on jugerait frivole, devient plus cruel, quand il s'exerce sur des êtres faibles, n'ayant de vie réelle que dans le cœur, d'intérêt profond que dans l'affection, sans activité qui les occupe, et sans carrière qui les commande, confiantes par nature, crédules par une excusable vanité, sentant que leur seule existence est de se livrer sans réserve à un protecteur, et entraînées sans cesse à confondre le besoin d'appui et le besoin d'amour !

Je ne parle pas des malheurs positifs qui résultent de liaisons formées et rompues, du bouleversement des situations, de la rigueur des jugements publics, et de la malveillance de cette société implacable, qui semble avoir trouvé du plaisir à placer les femmes sur un abîme, pour les condamner, si elles y tombent. Ce ne sont là que des maux vulgaires. Je parle de ces souffrances du cœur, de cet étonnement douloureux d'une âme trompée, de cette surprise avec laquelle elle apprend que l'abandon devient un tort, et les sacrifices des crimes aux yeux mêmes de celui qui les reçut. Je parle de cet effroi qui la saisit, quand elle se voit délaissée par celui qui jurait de la protéger ; de cette défiance qui succède à une confiance si entière, et qui, forcée à se diriger contre l'être qu'on élevait au-dessus de tout, s'étend par là même au reste du monde. Je parle de cette estime refoulée sur elle-même, et qui ne sait où se placer.

Pour les hommes mêmes, il n'est pas indifférent de faire ce mal. Presque tous se croient bien plus mauvais, plus légers qu'ils ne sont. Ils pensent pouvoir rompre avec facilité le lien qu'ils contractent avec insouciance. Dans le lointain, l'image de la douleur paraît vague et confuse, telle qu'un nuage qu'ils traverseront sans peine. Une doctrine de fatuité, tradition funeste, que lègue à la vanité de la génération qui s'élève la corruption de la génération qui a vieilli, une ironie devenue triviale, mais qui séduit l'esprit par des rédactions piquantes, comme si les rédactions changeaient le fond des choses, tout ce qu'ils entendent, en un mot, et tout ce qu'ils disent, semble les armer contre les larmes qui ne coulent pas encore. Mais lorsque ces larmes coulent, la nature revient en eux, malgré l'atmosphère factice dont ils s'étaient environnés. Ils sentent qu'un être qui souffre parce qu'il aime est sacré. Ils sentent que dans leur cœur même qu'ils ne croyaient pas avoir mis de la partie, se sont enfoncées les racines du sentiment qu'ils ont inspiré, et s'ils veulent dompter ce que par habitude ils nomment faiblesse, il faut qu'ils descendent dans ce cœur misérable, qu'ils y froissent ce qu'il y a de généreux, qu'ils y brisent ce qu'il y a de fidèle, qu'ils y tuent ce qu'il y a de bon. Ils réussissent, mais en frappant de mort une portion de leur âme, et ils sortent de ce travail, ayant trompé la confiance, bravé la sympathie, abusé de la faiblesse, insulté la morale en la rendant l'excuse de la dureté, profané toutes les expressions et foulé aux pieds tous les sentiments. Ils survivent ainsi à leur meilleure nature, pervertis par leur victoire, ou honteux de cette victoire, si elle ne les a pas pervertis.

Quelques personnes m'ont demandé ce qu'aurait dû faire Adolphe, pour éprouver et causer moins de peine. Sa position et celle d'Ellénore étaient sans ressource, et c'est précisément ce que j'ai voulu [1]. Je l'ai montré tourmenté parce qu'il n'aimait que faiblement Ellénore :

1. Placer le personnage dans une situation sans issue, c'est inscrire une dimension tragique dans le roman. Si Stendhal voit dans le romanesque le genre propre à être la comédie de son temps, Constant l'a vu comme le genre de la tragédie, mais d'une tragédie sociale en premier lieu.

mais il n'eût pas été moins tourmenté, s'il l'eût aimée davantage. Il souffrait par elle, faute de sentiment : avec un sentiment plus passionné, il eût souffert pour elle. La société, désapprobatrice et dédaigneuse, aurait versé tous ses venins sur l'affection que son aveu n'eût pas sanctionnée. C'est ne pas commencer de telles liaisons qu'il faut pour le bonheur de la vie : quand on est entré dans cette route, on n'a plus que le choix des maux.

DOSSIER

1 Le journal d'une genèse

De « l'épisode d'Ellénore » à *Adolphe*

De la genèse, les *Journaux* donnent quelques indices, qui ont ouvert le champ aux hypothèses et suscité divers débats critiques. Au début de l'automne 1806, Benjamin Constant, qui entre dans sa quarantième année, a obtenu pour Germaine de Staël, exilée par ordre de l'Empereur, l'autorisation de résider à Rouen. Il la rejoint, songeant toujours plus ou moins fortement à la quitter. Le 10 octobre, il reçoit, après deux ans de silence, une lettre de Charlotte de Hardenberg, qu'il a connue en janvier 1793 et nonchalamment courtisée jusqu'au printemps 1794. Il l'a retrouvée en décembre 1804, alors qu'elle a épousé M. Dutertre, et leurs chemins se sont à nouveau séparés. La lettre qu'il reçoit en octobre 1806 déclenche un renouveau passionnel et avive son désir de quitter Germaine.

C'est dans ce contexte explosif qu'est située la naissance d'un roman, tel que Constant la relate dans son journal : « Commencé un roman qui sera notre histoire[1]. » S'agit-il d'*Adolphe* ? Il est permis d'en douter, car à plusieurs reprises il est question d'un roman présentant deux femmes et, surtout, à la date du 10 novembre, on peut lire : « Avancé mon épisode d'Ellénore. Je doute fort que j'aie assez de persistance pour finir le roman » ; et le 13 novembre : « Avancé beaucoup dans mon épisode. Il y a quelques raisons pour ne pas la [*sic*] publier isolée du roman. » Un mois plus tard, le 21 décembre, Constant songe à la transition entre les diverses parties de son ouvrage : « Quand j'en aurai fait encore les deux chap[itres] qui rejoignent l'histoire et la mort d'Ellénore, je le laisserai là. » Il y a donc eu un projet de roman,

1. *Journaux intimes*, 30 octobre 1806, *op. cit.*, p. 592.

dont « l'épisode d'Ellénore » aurait été une partie. À cet égard, on rappellera que, dans les manuscrits dont nous disposons, figure aussi un récit, inachevé, *Cécile*, dans lequel un narrateur à la première personne relate ses atermoiements amoureux entre deux femmes, Cécile et Mme de Malbée.

Constant a donc projeté un roman dépassant le cadre qui sera celui d'*Adolphe*. Une lettre de Rosalie de Constant à son frère Charles peu avant la parution de l'œuvre corrobore cette hypothèse :

> D'après ce qu'il m'avait dit de son roman, je croyais que c'était un homme aimé de deux femmes dont les caractères faisaient opposition, tourmenté par l'une, les aimant toutes les deux et se jetant du côté de la moins violente [1].

Une note manuscrite conservée dans les archives du baron d'Estournelles de Constant va dans le même sens :

> Amour d'Adolphe. Il lui persuade que le sacrifice d'Ellénore lui sera utile. Maladie d'Ellénore. La coquette rompt avec lui. Mort d'Ellénore. Lettre de la coquette pour renouer. Réponse injurieuse d'Adolphe.
>
> La violence d'Ellénore m'avait fait prendre en haine le naturel et aimer l'affectation. Manière dont je regrettais de plaire à d'autres [2].

Au cours de son travail, il semble que Constant soit donc allé vers un apurement de la matière, se décidant à détacher « l'épisode d'Ellénore ». Cette première campagne de rédaction a été assez rapide, de sorte qu'il est en mesure d'en faire une lecture à un ami, Claude Hochet, dès le 23 novembre, puis à M. de Boufflers le 28 décembre :

> Cette lecture m'a prouvé que je ne pouvais rien faire de cet ouvrage en y mêlant un autre épisode de femme. Ellénore cesserait d'intéresser, et si le héros contractait des devoirs envers une autre et ne les remplissait pas, sa faiblesse deviendrait odieuse.

---

1. Lettre du 10 mai 1816, citée par G. Rudler dans son édition d'*Adolphe*, éd. citée, p. XVI. **2.** *Ibid.*, p. XVII.

Selon toute vraisemblance, il a songé à un « autre épisode de femme », auquel il a renoncé par la suite, au nom d'une esthétique romanesque qui trouve son modèle dans la tragédie classique : il faut que le personnage ne soit ni tout à fait coupable, ni tout à fait innocent ; trop odieux, Adolphe ne susciterait plus la pitié. La dernière notation sur la rédaction du roman, datée du 31 décembre 1806, porte également sur l'organisation narrative, qui laisse deviner sa nature dramaturgique : « la maladie est amenée trop brusquement ».

LA NAISSANCE DU ROMAN

Les pages du journal où il évoque la naissance du roman montrent que le projet romanesque surgit en plein drame sentimental. On notera également que certains éléments annoncent déjà des traits que Constant donnera à son personnage, notamment la fuite du temps (25 octobre), le lien contracté par ennui devenant un bouleversement de l'existence (27 octobre) et l'ennui suscité par la femme aimante alternant avec la fièvre lorsque surgit l'obstacle (24 novembre).

Les *Journaux* de Constant se présentent sous plusieurs formes, parmi lesquelles celle d'un « Journal abrégé » (22 janvier 1804-27 décembre 1807), dont proviennent les extraits qui suivent. Celui-ci est fait de notes rapides et Constant y recourt à des abréviations chiffrées, par exemple :

1 : « jouissance physique » ;

2 : « désir de rompre mon éternel lien [avec Germaine de Staël] dont il est si souvent question » ;

4 : « travail » ;

12 : « amour pour Mme Dutertre [1] ».

1. Charlotte de Hardenberg.

1806

10 octobre : *Lettre de Mme Dutertre.* Je ne m'y attendais pas. 12 possible. Mais il faut aller à bride en main. *Répondu à Mme Dutertre.* J'irai à Paris le plus tôt possible [...].

19 octobre : [...] Visite à Mme Dutertre. Elle a fort embelli. Je crois avoir commencé à me faire comprendre. Si cela est, va pour 12. Dîné avec Prosper [1]. Je veux ce soir aller le plus loin possible avec Charlotte. C'est plus que suffisant qu'une résistance de 13 ans. J'écrirai demain le résultat. *Écrit le soir à Mme de Staël.*

20 octobre : Charlotte a cédé. 1 par conséquent. J'ai fait après ce que j'ai pu pour calmer sa tête. J'espère y avoir réussi. Je suis fort ébranlé sur 12. Que de mal on dit de moi ! Je veux absolument ne pas recommencer les tracasseries de l'année dernière. *Écrit à Mme de Staël.* Dîné chez Charlotte. 1 pour la seconde fois. Pour cette fois il n'y avait plus d'équivoque possible. Mon Dieu, comme cela attache les femmes ! Il en est résulté que j'ai manqué toutes mes autres affaires de la soirée.

25 octobre : J'entre aujourd'hui dans ma quarantième année. Fugaces labuntur anni [2]. [...]

26 octobre : Journée folle. Délire d'amour. [...] Je crois bien que Mme de S[taël] y entre pour beaucoup. Le contraste entre son impétuosité, son égoïsme, son occupation constante d'elle-même, et la douceur, le calme, l'humble et modeste manière d'être de Charlotte me rend celle-ci mille fois plus chère. Je suis las de l'homme-femme dont la main de fer m'enchaîne depuis dix ans, et une femme vraiment femme m'enivre et m'enchante. 2. 2. Ah certes oui, et bientôt, et 12, si le ciel me protège. Que m'importe ce qu'on en dira ?

27 octobre : Nuit folle comme le jour. J'ai une douleur au cœur plus vive que je n'en ai jamais éprouvée. Sot animal que je suis ! Je me fais aimer par des femmes que je n'aime pas. Puis tout à coup l'amour s'élève dans mon cœur, et comme un tourbillon, et le résultat d'un lien que je ne voulais prendre que pour me désennuyer est le bouleversement de

---

1. Prosper de Barante (1782-1866), historien et ami de Benjamin Constant. **2.** Horace, *Odes*, II, 14, v. 1-2 : « Elles fuient, hélas ! Postumus, Postumus, elles s'écoulent, les années » (trad. F. Richard, GF-Flammarion, 1967, p. 79).

ma vie. Est-ce là la destinée d'un homme d'esprit ! *Lettre de Charlotte.* [...]

30 octobre : *Lettre de Charlotte.* Je ne trouverais nulle part une affection si profonde et si douce. Que d'années de bonheur j'aurai perdues, même si je regagne ce que j'avais si follement repoussé. *Écrit à Charlotte.* Commencé un roman qui sera notre histoire. Tout autre travail me serait impossible.

31 octobre : [...] Avancé beaucoup ce roman qui me retrace de doux souvenirs. La crise doit avancer. Heureusement que le travail me distrait.

1er novembre : [...] Travaillé toujours à ce roman. Je n'aurai pas de peine à y peindre un ange.

2 novembre : Aurai-je ce matin une lettre d'elle ? Si je n'en avais pas, je serais le plus misérable des hommes. Point de lettre quel tourment ! Quelle complication de circonstances fatales ! *Écrit à Charlotte.* Avancé beaucoup mon roman. L'idée de Charlotte me rend ce travail bien doux. Mais une lettre, au nom du ciel une lettre. Si je n'en ai pas une demain, je serai dans un désespoir inexprimable.

4 novembre : [...] *Écrit à cet ange.* Lu mon roman le soir. Il y a de la monotonie. Il faut en changer la forme.

5 novembre : [...] *Écrit à Charlotte.* Continué le roman, qui me permet de m'occuper d'elle. [...].

7 novembre : Mon Dieu ! que fait à présent Charlotte ! Mon Dieu rends-la-moi pour que je la rende heureuse, pour que je répare le mal que je lui ai fait ! Point de lettre. J'en suis moins étonné. Mais combien je souffre. *Écrit à Charlotte.* Ma lettre brûlée [1]. Terrible journée. Aveu. 2 décidé. Tout est rompu. Ma tête est brisée. Je voudrais partir. Je ne resterais ici que pour des scènes, et je passerais pour un monstre. Ô mon Dieu, donne-moi Charlotte ou la force de m'enfuir et de vivre seul. Qu'arrivera-t-il demain ?

10 novembre : [...] Avancé mon épisode d'Ellénore. Je doute fort que j'aie assez de persistance pour finir le roman.

12 novembre : [...] Lu le soir mon épisode. Je la crois très touchante, mais j'aurai de la peine à continuer le roman.

---

1. On peut penser que cette scène correspond à celle qui est rapportée dans *Cécile* : surpris en train d'écrire à Cécile, le narrateur refuse de montrer sa lettre à Mme de Malbée et préfère la brûler devant elle (voir *Cécile*, *op. cit.*, p. 166).

13 novembre : [...] Avancé beaucoup dans mon épisode. Il y a quelques raisons pour ne pas la publier isolée du roman.

14 novembre : [...] Mon épisode presque finie. Mes yeux s'abîment d'écrire le soir. [...]

15 novembre : [...] Travaillé sans goût à mon roman. À quoi pourrais-je travailler dans ma misérable situation ! [...]

18 novembre : [...] Travaillé assez bien à mon roman. [...]

23 novembre : [...] Lu mon roman à Hochet [1]. Il en a été extrêmement content. Quel dommage de ne rien faire de mon talent ! Soirée avec Charlotte. 1. Diable ! la fièvre passe-t-elle, et l'ennui commence-t-il ? J'en meurs de peur.

24 novembre : Hélas oui ! l'ennui commence. Cependant, au moindre obstacle, gare que la fièvre ne me reprenne. [...]

1er décembre : [...] Travaillé un peu à mon roman qui m'ennuie.

3 décembre : [...] Je veux me remettre à mon ouvrage sur la religion, et quoi qu'il arrive, y travailler sans relâche et l'achever.

5 décembre : [...] Repris mon ouvrage sur la religion après 10 mois d'intervalle. Pour cette fois, certainement, je ne l'abandonnerai pour aucun autre. [...]

6 décembre : [...] Cet ouvrage sur la religion est l'ouvrage que la nature m'a destiné à faire. C'est le seul que je continue sans fatigue et que je reprenne toujours avec plaisir. [...]

12 décembre : *Écrit à Mme de Staël.* 4 un peu à mon roman, que je devrais bien finir en 8 jours. [...]

14 décembre : Travaillé pas mal au roman.

15 décembre : Écrit à Mme de Staël. Lettre de Mme de Staël. 4 bien, à mon roman. *Lettre de Charlotte.* Bon ange. *Écrit à Charlotte.* [...]

16 décembre : [...] Encore amélioré le plan de mon roman.

18 décembre : *Écrit à Charlotte.* 4 à mon roman. [...]

19 décembre : 4 à mon roman.

20 décembre : 4 à mon roman. Je ferais mieux de me remettre à mon ouvrage sur la religion.

21 décembre : [...] 4 à mon roman. Quand j'en aurai fait encore les deux chap[itres] qui rejoignent l'histoire et la mort d'Ellénore, je le laisserai là. *Écrit à Charlotte.*

Du 23 au 27 décembre : mentions de « 4 à mon roman ».

---

1. Claude Hochet (1773-1857), journaliste et écrivain, lié au groupe de Coppet.

28 décembre : [...] Lu mon roman à M. de Boufflers. On a très bien saisi le sens du roman. Il est vrai que ce n'est pas d'imagination que j'ai écrit. *Non ignara mali*[1]. Cette lecture m'a prouvé que je ne pouvais rien faire de cet ouvrage, en y mêlant une autre épisode de femme. (Le héros serait odieux)[2] Ellénore cesserait d'intéresser. Et si le héros contractait des devoirs envers une autre, et ne les remplissait pas, sa faiblesse deviendrait odieuse. Scène inattendue causée par le roman. Ces scènes me font un mal physique. J'ai craché le sang. Et rien de Charlotte, et tout mon avenir dans les ténèbres.

29 décembre : La scène a recommencé le soir et duré jusqu'à 4 heures. Je suis indignement traité parce que je ne sais pas mentir et que des outrages ne m'arrachent pas des flatteries. 2, par tout ce qu'il y a de sacré [...] 4 à mon roman. Persisté dans ma résolution [de partir pour quitter Mme de Staël], et dans une résolution de ce genre, le plus tôt sera le mieux. Mais mon Dieu, que je reçoive donc une lettre de Charlotte.

31 décembre : [...] 4 à mon roman. La maladie est amenée trop brusquement. [...][3].

Du manuscrit à la publication

Après deux mois de rédaction, du 30 octobre au 31 décembre 1806, le journal reste silencieux sur la composition d'un roman. Dès les premiers jours de 1807, Constant s'est remis à son ouvrage sur la religion. Il n'abandonne pas pour autant le projet, s'y consacrant une deuxième fois au printemps et en juillet 1809[4]. Sur la nature du travail effectué à ce moment-là, le manuscrit

1. Virgile, *Énéide*, I, v. 630 : « n'ignorant point le malheur ». 2. Mots biffés dans le manuscrit. 3. « Journal abrégé », manuscrit de la BCU à Lausanne, fonds Constant II, 34/12. Nous avons modernisé l'orthographe. Pour le texte complet, voir *Œuvres*, Gallimard, *op. cit.*, ou *Œuvres complètes*, Niemeyer, *op. cit.* 4. C'est l'hypothèse avancée par Kurt Kloocke, *Benjamin Constant : une biographie intellectuelle*, *op. cit.*, p. 163-164 ; hypothèse confortée et affinée récemment par Paul Delbouille, « Réflexions nouvelles sur la rédaction d'*Adolphe* et de *Cécile* », *Annales Benjamin Constant*, 30, 2006, p. 105-123.

de Lausanne, dont la copie date de 1810, mais qui porte des corrections, donne quelques indications. Le portrait d'Adolphe, au début du texte, est adouci : « beaucoup de gens m'ennuyaient » devient « peu de gens m'inspiraient de l'intérêt », et la phrase « J'avais partagé les plaisirs faciles et peu glorieux de mes camarades » est supprimée [1]. Il semble que Constant ait cherché à atténuer les traits saillants des personnages pour reporter l'origine du conflit des caractères à la situation. Les *Journaux* mentionnent toutefois des lectures, qui se dérouleront jusqu'en 1816 :

1807

2 janvier : [...] 4 à mon ouvrage sur la religion. [...]

24 février : [...] Lu mon roman à Mme de Coigny. Effet bizarre de cet ouvrage sur elle. Révolte contre le héros.

25 février : La lecture d'hier m'a prouvé qu'on ne gagnait rien à motiver. Il faut rompre. L'opinion dira ce qu'elle voudra.

28 mai : [...] Lu mon roman à Fauriel [2]. Effet bizarre de cet ouvrage sur lui. Il est donc impossible de faire comprendre mon caractère.

1812

8 janvier : Travaillé. Lu mon roman. Comme les impressions passent, quand les situations changent. Je ne saurais plus l'écrire aujourd'hui.

1814

23 juillet : Lu mon roman à Mme Laborie. Les femmes qui étaient là ont toutes fondu en larmes. Dîné chez Beugnot.

1815

19 avril : [...] Lu mon roman. Fou rire [3]. [...]

---

1. Alison Fairlie a analysé en détail les enseignements de ce manuscrit de Lausanne dans « The shaping of *Adolphe* : some remarks on variants », dans *Imagination and Language*, *op. cit.*, p. 108-125. **2.** Claude Fauriel (1772-1844), historien et ami de Constant. **3.** Ce moment de « fou rire » a été décrit plus en détail par Victor de Broglie dans ses Mémoires : « Benjamin en [d'*Adolphe*] avait fait plusieurs lectures pendant les Cent-Jours, une entre autres, à laquelle j'assistai, chez Madame Récamier, et qui mérite d'être rappelée ici, ne l'ayant pas été à sa date. Nous étions douze ou quinze assistants. La lecture avait duré près de

1816

14 février : Dîné chez Mme de Bourke. Lecture de mon roman. Je voudrais le vendre bien. Il a eu du succès.

17 février : Lu mon roman chez Lady Besborough. C'est la dernière fois. Je l'imprime. [...]

25 février : Lu mon roman pour la dernière fois chez Miss Berry. [...].

30 avril : [...] Donné mon roman à l'impression. [...]

22 juin : [...] Paragraphe désolant sur *Adolphe* dans les journaux. Que faire ? [...]

23 juin : Fait un désaveu dans les journaux. Tristesse mortelle.

24 juin : Préparatifs de départ. Désespoir. Soirée chez Lady Jersey. Grand succès de mon roman.

25 juin : Inutiles négociations avec Colburn. [...] Commencé une préface pour mon roman.

26 juin : Fini la préface qui est très bien. [...]

27 juin : Refait la préface. [...]

29 juin : Arrangement avec Colburn pour mon roman. J'en aurai 70 louis. Soirée chez Miss Berry.

3 juillet : [...] Bonne traduction de mon roman [1]. [...]

Dans ces notations du journal, on voit que la publication a répondu aussi à des besoins d'argent (29 juin 1816), car Constant avait subi de lourdes pertes au jeu. Alors qu'il est à Londres depuis le retour des Bourbons, il se décide à publier ce récit qui paraît quasi simultanément en Angleterre et à Paris. Du manuscrit à l'édition, quelques modifications ont été apportées : la « Lettre à l'éditeur » et la « Réponse » ont été ajoutées après le récit ; au début du chapitre IV un paragraphe sur le

---

trois heures. L'auteur était fatigué ; à mesure qu'il approchait du dénouement, son émotion augmentait, et sa fatigue accroissait son émotion. À la fin, il ne put la contenir : il éclata en sanglots ; la contagion gagna la réunion tout entière, elle-même fort émue ; ce ne fut que pleurs et gémissements ; puis, tout à coup, par une péripétie physiologique qui n'est pas rare, au dire des médecins, les sanglots devenus convulsifs tournèrent en éclats de rire nerveux et insurmontables, si bien que qui serait entré, en ce moment, et aurait surpris, en cet état, l'auteur et ses auditeurs, aurait été fort en peine de savoir qu'en penser, et d'expliquer l'effet par la cause » (*Souvenirs 1785-1870*, Calmann-Lévy, 1886, t. I, p. 389-390). **1.** Traduction anglaise par Alexander Walker, sans doute encore à l'état de manuscrit à cette date.

« Charme de l'amour » a été inséré, et un long développement au chapitre VIII supprimé, développement rétabli dans la troisième édition en 1824. Les premières réactions ne se font pas attendre, mitigées d'abord, puis très vite élogieuses ; une traduction anglaise par Alexander Walker paraît dès 1816. Les premiers articles de journaux ont d'emblée lu *Adolphe* comme un texte à clés, ce qui a amené Constant à rédiger la « Préface de la seconde édition [1] », dans laquelle il réfutait toute interprétation autobiographique de son récit.

Les leçons de la genèse : l'espace social et le théâtre intérieur

Ce que nous savons de la genèse apporte un double éclairage au roman, sur la socialité qui y a présidé et que le récit met en scène, et sur l'enracinement de la fiction constantienne dans le terreau du biographique, ou mieux, de la scène de l'intime.

Les lectures du roman prennent place dans l'espace intellectuel du groupe de Coppet ; le premier auditeur a ainsi été Claude Hochet, un fidèle du groupe. Le texte définitif a dû sans doute largement bénéficier des lectures et des réactions qu'elles ont entraînées. C'est toute une sociabilité du salon, en France comme à Londres, qui est mobilisée dans la lecture des nouveautés, sur le mode du salon de l'Abbaye-aux-Bois où, autour de Mme Récamier, des écrivains comme Chateaubriand faisaient part de leurs travaux. Ce modèle hérité de l'aristocratie de l'Ancien Régime est alors en passe de céder la place aux cercles plus démocratiques et plus radicaux que seront les cénacles romantiques.

Or l'espace social qui a été le contexte de la genèse et celui décrit dans *Adolphe* se font souvent écho. Ainsi,

1. Voir *Journaux intimes*, 25-27 juin 1816, *op. cit.*, p. 817 (cité *supra*, p. 161).

les premiers destinataires du roman sont désignés par un « on » – « On a très bien saisi le sens du roman » (28 décembre). C'est par le même « on » qu'est mise en scène, dans *Adolphe*, l'opinion publique, cette voix anonyme et si puissante d'une société close et normative, qui juge de tout. Ensuite, la conversation mondaine qui prolonge la lecture est aussi un élément central de ce récit : que l'on songe par exemple à l'art consommé avec lequel le baron de T*** la pratique lors de la fête qu'il donne à Varsovie au chapitre IX. Il en va de même, enfin, pour l'échange épistolaire : la rédaction d'*Adolphe* débute entre deux lettres à Charlotte et la résolution dramatique de l'intrigue est construite sur la lettre, reprenant un motif narratif du roman épistolaire – la lettre lue par un(e) autre que son destinataire. Entre les premières lectures et l'édition imprimée, Constant a ajouté un échange épistolaire entre l'éditeur et un correspondant. Prenant place à la fin du récit, il enchâsse le récit monologique (récit conduit par une seule voix) dans un cadre dialogique (le dialogue à distance qui s'installe entre l'éditeur et son correspondant), à l'endroit où, après les lectures, s'engageaient les conversations jugeant mérites et démérites des personnages.

Le deuxième élément lié à la genèse a été amplement exploré et exploité par la critique. Comme le montrent les pages du journal, l'acte de naissance d'*Adolphe* se situe à un moment particulièrement dramatique dans la vie sentimentale de Constant. C'est dans une atmosphère de (mélo)drame sentimental que naît son roman, avec un sentiment d'absorption totale et d'urgence : « tout autre travail me serait impossible ». On comprend dès lors pourquoi on a longuement débattu pour savoir en quoi Adolphe était Benjamin, si Ellénore était Germaine ou Charlotte, voire Anna Lindsay, une Irlandaise avec qui Constant avait eu une liaison passionnée de la fin de 1800 au printemps 1801, sans parvenir à rien de bien concluant.

Ce qui importe ici, c'est de relever que l'imaginaire de Constant se construit sur l'intime, sur le théâtre intérieur, comme en témoignent les réactions à la lecture : « Il est donc impossible de faire comprendre mon caractère [1]. » *Adolphe* n'est pas une œuvre autobiographique, mais une mise en récit de caractères – au sens psychologique, comme au sens anglais où le terme *character* signifie « personnage » –, de la même manière que Constant définit son journal : « Ainsi ce journal est une espèce d'histoire, et j'ai besoin de mon histoire comme de celle d'un autre pour ne pas m'oublier sans cesse et m'ignorer [2]. » Dans le va-et-vient entre le vécu, le journal, la fiction et les réactions à la fiction, il y a des circulations étonnantes qui font vaciller les barrières entre le vécu et le raconté : « La lecture d'hier m'a prouvé qu'on ne gagnait rien à motiver. Il faut rompre [3]. » Le compte rendu de ces hésitations, placé sous le regard d'autrui, vient, par un effet de boomerang, agir sur la relation même que le récit a pour charge de raconter. C'est là une illustration particulièrement nette de l'effet performatif du récit constantien.

1. *Journaux intimes*, 28 mai 1807, *op. cit.*, p. 635 (cité *supra*, p. 160).
2. *Ibid.*, 21 décembre 1804, p. 429. 3. *Ibid.*, 25 février 1807, p. 618 (cité *supra*, p. 160).

2 — La fabrique du roman : fragments retrouvés

FRAGMENTS DE LA « PRÉFACE DE LA SECONDE ÉDITION »

Vu les circonstances, la « Préface de la seconde édition [1] » a dû être très rapidement rédigée, entre le 25 et le 27 juin 1816, en deux temps, si l'on en croit ce que nous en dit le journal. De ce travail nous est parvenue une série de fragments de brouillon numérotés. La plupart de ces fragments ont été édités en 1919 par Gustave Rudler ; n'ayant pas réussi à trouver un exemplaire de la seconde édition, il en avait tenté une reconstruction à partir de ces fragments et de la traduction anglaise d'Alexander Walker [2]. En 1925, il en a publié deux autres, les n°s 32 et 39 [3]. Édités, mais avec quelques obscurités dans l'apparat critique qui en rendent la lecture parfois difficile, ils ont été par la suite perdus. Entre-temps, neuf autres fragments – les n°s 11, 12, 14, 18, 19, 20, 21, 22 et 24 – ont été retrouvés par Charles Roth [4] et sont actuellement conservés à la BCU de Lausanne. Si l'on suit la numérotation, treize fragments n'ont pu être retrouvés. Dans ces brouillons, les corrections, les ratures et les bizarreries syntaxiques sont nombreuses et le texte entier est barré d'un trait oblique ou vertical.

Certains fragments ont été repris tels quels dans la version finale de cette préface, d'autres non. Parmi ces derniers, on notera que certains évoquent une « décrépitude de la civilisation » (n° 45) ou les « maladies morales de notre siècle » (n° 41), ce qui fait d'*Adolphe* un exemple

1. Voir *supra*, p. 146. **2.** *Adolphe*, éd. G. Rudler, éd. citée, p. 3-13. **3.** « Pour mon édition d'*Adolphe* », *The French Quarterly*, VII, 1-2, 1925, p. 66. **4.** « Nouveaux fragments du brouillon autographe de B. Constant… », *RHLF*, LXVI, 1, 1966, p. 158-160.

du « mal du siècle », idée finalement non retenue, et qui détonne avec la volonté de portée générale que fait entendre le texte définitif.

1-2. *Manquent.*

3. Si j'avais donné lieu réellement à des interprétations pareilles, s'il se rencontrait dans mon livre une seule phrase qui pût les autoriser, je me croirais digne d'un blâme sévère.

4. Mais les rapprochements que l'on a voulu trouver sont heureusement trop vagues, et trop dénués de tout fondement pour avoir produit sur aucun esprit juste l'impression la plus légère.

5. Aussi n'ont-ils point pris naissance dans la société.

6. *Manque.*

7. Le scandale est si vite oublié que j'ai peut-être eu tort d'en parler ici, mais j'en ai ressenti pendant quelques instants une trop pénible surprise pour n'avoir pas le besoin de répéter

8-10. *Manquent.*

11. Et la femme la plus spirituelle de notre siècle, en même temps qu'elle est la meilleure, Madame de Staël a été soupçonnée non seulement de s'être peinte dans Delphine et dans Corinne, mais d'avoir tracé de plusieurs de ses connaissances des portraits désavantageux :

12. imputations absurdes, car assurément, le génie à qui nous devons Corinne n'avait pas besoin des ressources de la méchanceté, et le caractère de Mme de Staël, ce caractère si noble, si courageux dans la persécution, si fidèle dans l'amitié, si généreux dans le dévouement, repousse à lui seul le soupçon de toute intention maligne ou perfide.

13. *Manque.*

14. Chercher des allusions dans un Roman, c'est la nature, et substituer le commérage à l'observation du cœur humain.

15-17. *Manquent.*

18. Je pense je l'avoue qu'on a pu trouver dans Adolphe un but plus utile, et si j'ose le dire, une tendance plus relevée.

19. Je n'ai pas seulement voulu prouver le danger de ces

liens irréguliers, où l'on est d'ordinaire d'autant plus enchaîné qu'on se croit plus libre, cette démonstration aurait bien eu son utilité.

20. Mais ce n'était pas là toutefois mon idée principale.

21. Indépendamment de ces liaisons établies que la société tolère et condamne, il y a dans la simple habitude d'emprunter le langage de l'amour et d'essayer de se donner et de faire naître en d'autres des émotions de cœur passagères, un danger qui n'a pas été suffisamment apprécié jusqu'ici.

22. L'on s'engage dans une route dont l'on ne prévoit pas le terme : l'on ne sait ni ce qu'on inspirera ni ce qu'on s'expose à éprouver. L'on porte en se jouant des coups dont on ne calcule ni la force ni la réaction sur soi-même : et la blessure qui semble effleurer peut être incurable.

23. *Manque.*

24. mais combien ce manège qu'au premier coup d'œil on jugerait frivole devient plus cruel, quand il s'exerce sur des êtres faibles, n'ayant de vie réelle que dans le cœur, d'intérêt profond que dans l'affection, sans activité qui les occupe et sans carrière qui les commande, confiantes par nature, crédules par une excusable vanité, sentant que leur seule existence est de se livrer sans réserve à un protecteur, et entraînées sans cesse à confondre le besoin d'appui et le besoin d'amour.

25. *Manque.*

26. Je parle de ces souffrances du cœur, de cet étonnement douloureux d'une âme trompée, de cette surprise avec laquelle elle apprend que l'abandon devient un tort, les sacrifices des crimes aux yeux mêmes de celui qui les reçut,

27. Je parle de l'effroi qui la saisit lorsqu'elle se voit délaissée par qui devait la protéger, de cette défiance universelle qui succède à une confiance si entière et qui, forcée à se diriger contre l'être qu'elle élevait au-dessus de tout, s'étend par là même au reste du monde, je parle de cette estime refoulée sur elle-même et qui ne sait où se placer.

28. Pour les hommes mêmes, il n'est pas indifférent de faire ce mal. Presque tous se croient bien plus mauvais

ou plus légers qu'ils ne sont. Ils pensent pouvoir rompre avec facilité le lien qu'ils contractent avec insouciance.

29. *Manque.*

30. Mais lorsque ces larmes coulent, la nature revient en eux, malgré l'atmosphère factice dont ils s'étaient environnés. Ils sentent qu'un être qui souffre parce qu'il aime est sacré. Ils sentent que dans leur cœur même qu'ils ne croyaient pas avoir mis de la partie, se sont enfoncées les racines du sentiment qu'ils ont inspiré.

31. Et s'ils veulent dompter ce que d'habitude ils persistent à nommer faiblesse, il faut qu'ils descendent dans ce cœur misérable, qu'ils y froissent ce qu'il y a de généreux, qu'ils y brisent ce qu'il y a de fidèle, qu'ils y tuent ce qu'il y a de bon.

32. Ils réussissent, je le sais ; mais ils sortent de ce travail, privés de la plus noble portion de leur âme, ayant trompé la confiance, bravé la pitié, abusé de la faiblesse, insulté la morale en la rendant l'excuse de la dureté, ayant ainsi profané toutes les expressions, et foulé aux pieds tous les sentiments.

33. Ils survivent à leur meilleure nature, pervertis par leur victoire, ou honteux de cette victoire, si elle ne les a pas pervertis.

34. Et ce n'est pas leur seul malheur. Pendant la lutte les indifférents s'empressent. Ils sont si zélés, si attentifs ! leur soif de détruire une affection leur en donne presque l'apparence. On dirait à les entendre qu'ils remplaceront admirablement l'être qu'ils vous sollicitent de quitter.

35. On les écoute : on franchit comme Arsène le cercle magique et l'on se trouve comme elle dans un désert.

36. Quelques personnes m'ont demandé ce qu'aurait dû faire Adolphe pour éprouver et causer moins de peine. Sa position et celle d'Ellénore étaient sans ressource ; et c'est précisément ce que j'ai voulu.

37. Je l'ai montré tourmenté parce qu'il n'aimait que faiblement Ellénore ; mais il n'eût pas été moins tourmenté s'il l'eût aimée davantage.

38. Il souffrait par elle, faute de sentiment ; avec un sentiment plus passionné, il eût souffert pour elle. La

société serait venue, désapprobatrice et dédaigneuse, verser du venin sur l'union que son aveu n'eût pas sanctionnée.

39. C'est ne pas commencer de telles liaisons qu'il faut pour le bonheur de la vie. Les rompre est inutile, et quand on est entré dans cette route on n'a plus que le choix des maux.

40. Voilà ce que j'ai voulu prouver, mais je me suis encore proposé un autre but.

41. J'ai voulu peindre dans Adolphe une des principales maladies morales de notre siècle, cette fatigue, cette incertitude, cette absence de force, cette analyse perpétuelle, qui place une arrière-pensée à côté de tous les sentiments, et qui par là les flétrit dès leur naissance.

[42[1]]. Adolphe est spirituel, car l'esprit aujourd'hui est descendu à la portée de tous les caractères ; il est irritable, parce que l'obstacle est une sorte de galvanisme qui rend à la mort une espèce de vie ; mais il est incapable de tout excepté de vanité ; sa vanité seule est permanente.

[42[2]]. La fidélité est une force comme en religion, comme la volonté. Nous ne savons plus aimer, plus croire, plus vouloir.

43. *Manque.*

44. Cette maladie de l'âme est plus commune qu'on ne le croit beaucoup de jeunes gens nous en offrent des symptômes.

44B. Aussi, tandis que les romans d'autrefois peignaient des hommes passionnés et des femmes sévères, les romans actuels peignent des femmes qui cèdent et des hommes qui les quittent.

44B[2]. Les romanciers ne se rendent pas compte de la cause de ce changement. Mais les plus médiocres, comme les plus distingués, obéissent, par instinct, à l'atmosphère qui les environne.

[45[1]]. La décrépitude de la civilisation nous a saisis ; en pensant s'éclairer par l'expérience de leurs pères, ils ont hérité de leur satiété. Chacun doute de la vérité de ce qu'il dit, et se défie de la durée de ce qu'il éprouve.

[45[2]]. Et ce n'est pas seulement sur les seules liaisons du cœur le mal s'étend que cet affaiblissement moral, cette impuissance d'impressions durables se fait remarquer : tout se tient dans la nature. La fidélité en amour est une force comme en religion, comme de la liberté. Or nous n'avons plus aucune force. Nous ne savons plus aimer, ni croire, ni vouloir. Chacun doute de ce qu'il dit, sourit de la véhémence de ce qu'il affirme, et pressent la fin de ce qu'il éprouve.

[46[1]]. Triste époque, où la décrépitude de la civilisation a flétri la nature. J'ai peint une petite portion du tableau, la seule qui fût non sans tristesse sans dangers pour le peintre. L'histoire pourra dire l'influence de cette disposition des âmes, sur des objets plus importants.

[46[2]]. J'ai peint une petite partie du tableau, la seule qui fût non sans tristesse, mais sans danger pour le peintre. L'histoire dira l'influence de cette disposition d'âme sur d'autres objets. Car encore une fois tout se tient. Et sous mille formes merveilleusement variées l'infamie en politique sont choses contemporaines. Ce qui fait qu'on est dur ou léger envers l'affection, fait aussi qu'on est indifférent à tout avenir au-delà de ce monde, et vil envers toutes les puissances qui se succèdent, et qu'on nomme légitimes tant qu'elles subsistent. L'on met ensuite son esprit à expliquer tout cela, et l'on croit qu'une explication est une apologie. Mais il en résulte que le Ciel n'offre plus d'espoir, la terre plus de dignité, le cœur plus de refuge.

47. Car encore une fois tout se tient. L'inconstance ou la fatigue en amour, l'incrédulité en religion sous mille formes, ternes ou effrayantes, la servilité en politique sont des symptômes contemporains. Triste époque où la décrépitude de la civilisation a tué la nature, et où il ne reste à l'homme ni espoir dans le ciel, ni dignité sur la terre, ni refuge dans son propre cœur.

Fragment non numéroté aujourd'hui surtout qu'ils se nourrissent dès l'enfance des leçons arides d'un monde blasé, et qu'ils croient s'éclairer par l'expérience de leurs pères en héritant de leur satiété.

CHRONOLOGIE DU ROMAN

Un fragment de papier portant au verso, de la main de Constant, la première partie d'une « Chronologie du roman » est conservé à la bibliothèque cantonale et universitaire de Lausanne[1]. Ce document, qu'on ne peut dater avec précision, concerne très clairement *Adolphe*, comme l'indiquent les prénoms des personnages. La colonne de droite indique la durée cumulée, en mois, puis en années et mois.

[a]vant de faire connaisssance avec Ellénore	6 mois	
[a]vant la déclaration	2	8
[a]vant le succès.	½	8 ½
[a]vant l'absence de M. de P.	3	11 ½
[a]bsence de M. de P.	1 1/2 un an un m[ois]	
[av]ant l'ordre de partir	2	1 : 3
[av]ant la rupture d'Ellénore et de M. de P.	4	1 : 7
[av]ant le Départ d'Adolphe.	2	1 : 9
[ab]sence jusqu'à l'enlèvement	2	1 : 11
[séj]our après l'enlèvement à Caden avant [la] lettre du Cte de P.	5	2 : 4
[séj]our jusqu'à la lettre du Père d'Ellénore.	3	2 : 7
[a]vant le départ en Pologne	4	2 : 11
[ju]squ'aux querelles d'Adolphe et d'Ellénore à [ca]use de l'opinion de la Société	6	3 : 5

1. BCU, fonds Constant II, 34/10.

3 — Lectures et réécritures de l'œuvre

Dès sa parution, *Adolphe* a frappé ses lecteurs. En témoignent non seulement les très nombreuses lectures critiques que l'œuvre a suscitées, mais aussi les romans qui y font explicitement référence ou dont elle a été une source d'inspiration. Réécrire *Adolphe*, c'est aussi l'interpréter – une manière de combler les lacunes de ce récit elliptique et de se l'approprier, en y projetant ses interrogations ou celles d'un moment de la vie intellectuelle.

« Une déclaration de haine » (Stendhal, 1824-1825)

Stendhal a parlé d'*Adolphe* lors de la réédition de 1824, dans les chroniques qu'il envoyait aux journaux anglais. Dans un premier article, il le qualifiait de roman « plutôt singulier qu'excellent » ; à la suite de certains journalistes, il reprenait le rapprochement avec Marivaux :

> On peut dire que ce roman est un *marivaudage tragique* où la difficulté n'est point, comme dans les romans de Marivaux, de faire une déclaration d'amour, mais une déclaration de haine. Cela fait, l'histoire est terminée [1].

Il y revient en 1825, soulignant à nouveau ce qu'il est probablement le premier à avoir vu, la part de « haine » que le roman laisse entrevoir :

> Avez-vous lu *Adolphe*, roman de Benjamin Constant ? Il vient d'en publier une nouvelle édition. Adolphe est un

1. *New Monthly Magazine*, 1er décembre 1824, dans *Paris-Londres. Chroniques*, éd. et trad. R. Dénier, Stock, 1997, p. 231.

homme d'un talent brillant, mais aucune énergie ni fermeté de caractère ; il a donc précisément les qualités qui le rendent apte à plaire à la société française. Il est lié à une femme avec laquelle il a eu la faiblesse de s'enfuir. Le roman tout entier n'est qu'une déclaration de haine. Adolphe essaie de faire comprendre à cette pauvre femme qu'il ne l'aime plus et qu'ils doivent se séparer. Il y a beaucoup d'affectation dans le livre, mais après tout, bien ou mal, il *dit quelque chose*, ce qui le distingue de la plupart des livres modernes. On dit dans le monde que M. B. Constant s'est peint lui-même [1].

Du côté du réel (Balzac, 1843)

Balzac a non seulement lu *Adolphe*, mais aussi l'étude que lui a consacrée Gustave Planche en 1834, reprise notamment dans la réédition du récit de Constant en 1843. Dans *La Muse du département* (1843), il met en scène la liaison de Dinah Piédefer, qui a épousé à Sancerre M. de La Baudraye, et d'Étienne Lousteau, un journaliste parisien. L'histoire de cette liaison hors mariage permet à Balzac de récrire *Adolphe* à sa manière : « J'espère que dans la fin de la *Muse* on verra le sujet d'*Adolphe*, traité du côté réel [2]. » En donnant de ce récit une version réaliste, Balzac en offre une lecture aussi personnelle que pénétrante. Il en démasque notamment la dimension mélodramatique :

> Dans la nature, ces sortes de situations violentes ne se terminent pas, comme dans les livres, par la mort ou par des catastrophes habilement arrangées ; elles finissent beaucoup moins poétiquement par le dégoût, par la flétrissure de toutes les fleurs de l'âme, par la vulgarité des habitudes, mais très souvent aussi par une autre passion qui dépouille une

1. « Lettres de Paris par le petit-neveu de Grimm », n° X, datée de Paris, 16 septembre 1825, dans *London Magazine*, octobre 1825, dans *Paris-Londres. Chroniques*, *ibid.*, p. 544. **2.** Lettre du 19 mars 1842, dans *Lettres à Madame Hanska*, éd. R. Pierrot, Delta, 1968, t. II, p. 179.

femme de cet intérêt dont on entoure traditionnellement les femmes [1].

On comprend dès lors que Lousteau qualifie *Adolphe* de « tragi-comédie [2] ».

Lecteur perspicace, sollicitant les silences du texte, Balzac relève qu'Adolphe et Ellénore ne partagent pas leur chambre ; et il est vrai que le texte de Constant n'évoque qu'à une seule occasion l'intimité partagée, lorsque Ellénore « se donna » la première fois. C'est là pour Balzac une des raisons de l'échec de la liaison d'Ellénore et d'Adolphe :

> Après dix mois de nourriture, elle [Dinah] sevra son fils, remit sa mère dans l'appartement d'Étienne, et rétablit cette intimité qui lie indissolublement un homme à une femme quand une femme est aimante et spirituelle. Un des traits les plus saillants de la nouvelle due à Benjamin Constant et l'une des explications de l'abandon d'Ellénore est ce défaut d'intimité journalière ou nocturne, si vous voulez, entre elle et Adolphe. Chacun des deux amants a son chez-soi, l'un et l'autre ont obéi au monde, ils ont gardé les apparences. Ellénore, périodiquement quittée, est obligée à d'énormes travaux de tendresse pour chasser les pensées de liberté qui saisissent Adolphe au-dehors. Le perpétuel échange des regards et des pensées dans la vie en commun donne de telles armes aux femmes que, pour les abandonner, un homme doit objecter des raisons majeures qu'elles ne lui fournissent jamais tant qu'elles aiment. Ce fut toute une nouvelle période pour Étienne et Dinah [3].

Aussi Dinah lit-elle assidûment *Adolphe* : « Le roman d'*Adolphe* était sa Bible, elle l'étudiait ; car, par-dessus toutes choses, elle ne voulait pas être Ellénore [4]. » Mais, après des mois où elle craint d'être quittée, c'est elle qui rompt avec Étienne, tentée par un arrangement financier et social que son mari, désireux de faire une carrière politique, lui propose. Lousteau, piqué, lui donne à l'occa-

---

1. *La Muse du département*, dans *La Comédie humaine*, Gallimard, « Bibliothèque de la Pléiade », 1976, t. IV, p. 777. **2.** *Ibid.*, p. 697. **3.** *Ibid.*, p. 765. **4.** *Ibid.*, p. 775.

sion de leur rupture son interprétation d'*Adolphe*, donnant à voir la divergence des lectures selon le sexe ou l'âge du lecteur :

> Vous avez beaucoup lu le livre de Benjamin Constant, et vous avez même étudié le dernier article qu'on a fait [celui de Gustave Planche] ; mais vous ne l'avez lu qu'avec des yeux de femme. Quoique vous ayez une de ces belles intelligences qui feraient la fortune d'un poète, vous n'avez pas osé vous mettre au point de vue des hommes. Ce livre, ma chère, a les deux sexes. Vous savez ?... Nous avons établi qu'il y a des livres mâles ou femelles, blonds ou noirs... Dans *Adolphe*, les femmes ne voient qu'Ellénore, les jeunes gens y voient Adolphe ; les hommes faits y voient Adolphe et Ellénore, les politiques y voient la vie sociale ! Vous vous êtes dispensée d'entrer dans l'âme d'Adolphe, comme votre critique d'ailleurs qui n'a vu qu'Ellénore. Ce qui tue ce pauvre garçon, ma chère, c'est d'avoir perdu son avenir pour une femme ; de ne pouvoir rien être de ce qu'il serait devenu, ni ambassadeur, ni ministre, ni chambellan, ni poète, ni riche. Il a donné six ans de son énergie, du moment où la vie d'un homme peut accepter les rudesses d'un apprentissage quelconque, à une jupe qu'il devance dans la carrière de l'ingratitude, car une femme qui a pu quitter son premier amant devait tôt ou tard quitter le second. Enfin Adolphe est un Allemand blondasse qui ne se sent pas la force de tromper Ellénore. [...] Adolphe est un fils de bonne maison, un cœur aristocrate qui veut rentrer dans la voie des honneurs, et rattraper sa dot sociale, sa considération compromise [1].

Là encore Balzac se démarque de Constant. En effet, Lousteau a été décrit comme un journaliste sans volonté, incapable de se plier à la discipline qu'exigerait sa carrière. C'est Dinah qui l'encourage et va jusqu'à écrire ses articles. L'apitoiement de Lousteau sur « ce pauvre garçon » qui a sacrifié sa carrière pour une femme prend dès lors une coloration fortement ironique, manière une nouvelle fois de prendre le contre-pied du discours d'Adolphe, regrettant la carrière qu'Ellénore l'aurait empêché de mener. Il se montre également moins angé-

1. *Ibid.*, p. 780-781.

lique, rappelant que si Ellénore a quitté le comte de P***, elle aurait fait de même avec Adolphe, si elle en avait eu le temps. Dans un dénouement de « tragi-comédie », Dinah, suivant ses intérêts bien entendus, retourne à Sancerre près de son mari et revient « à la Famille et au mariage [1] ». Cet épilogue illustre l'avertissement prémonitoire que Bixiou donnait à Lousteau et qui est effectivement un motif majeur du récit de Constant : « La Société, mon cher, pèsera sur vous, tôt ou tard. Relis *Adolphe* [2]. ».

UN « CHEF-D'ŒUVRE DU ROMAN D'ANALYSE » (PAUL BOURGET, 1893)

À la fin du XIXe siècle, en réaction contre le réalisme et le naturalisme, certains critiques et écrivains se sont tournés vers *Adolphe*. Parmi eux, Paul Bourget le qualifie de « chef-d'œuvre du roman d'analyse » et précise :

> Ici apparaît la puissance de cette forme d'art si négligée en France pendant des années, qui s'appelle le roman psychologique. Là où un écrivain de mœurs eût nécessairement abouti à la vulgarité, l'auteur d'*Adolphe*, en dégageant la portée morale de la situation ainsi choisie, a trouvé un dessous tragique à une aventure médiocre [3].

Vanter la « portée morale » au détriment des « mœurs », c'est jouer l'observation psychologique contre le roman du social de Balzac et, surtout, de Zola. Bourget n'omet cependant pas le contexte. *Adolphe* lui sert de point de comparaison avec *Les Fleurs du mal*, comme symptômes de « l'atmosphère morale d'une époque [4] ». Époque malade à ses yeux, rongée par « l'abus de l'esprit d'analyse [5] ». Mais Bourget dépasse ce constat pour relever la beauté poétique du roman :

---

1. *Ibid.*, p. 790. **2.** *Ibid.*, p. 748. **3.** « Sur l'esprit d'analyse dans l'amour – *Adolphe* » (1893), dans *Essais de psychologie contemporaine*, Plon, 1924, t. I, p. 31-32. **4.** *Ibid.*, p. 26. **5.** *Ibid.*, p. 27.

> Si ce roman ne possédait que cette valeur d'une monographie rigoureuse d'un caractère, et dans ce caractère d'une maladie très contemporaine, il serait encore admirable, il n'aurait pas, comme il l'a, ce charme d'une œuvre profondément poétique – si bizarre que paraisse le mot, appliqué à une sorte d'*écorché littéraire* – oui, poétique au même degré que les plus beaux sonnets des *Fleurs du mal*. Il y a dans ces pages plus que la desséchante ardeur d'une pensée qui ronge un sentiment. On y reconnaît la grande mélancolie de la solitude de l'âme. [...] Non seulement Baudelaire dans ses plus nobles pièces, mais Alfred de Vigny dans des fragments d'une beauté supérieure, dans *Éloa*, dans *La Colère de Samson*, dans *Moïse*, ont raconté la tristesse de cette solitude morale qui nous fait sentir en nous un arrière-fond à jamais incommunicable. Combien *Adolphe* semble plus amer, dépouillé qu'il est du prestige des vers, volontairement dépourvu d'éloquence, si près de nous, du quotidien de notre vie par la simplicité, j'allais dire par la trivialité de l'histoire [1] !

LE SYMPTÔME D'UNE ÉPOQUE (GUY DE POURTALÈS, 1924)

Guy de Pourtalès, écrivain genevois, auteur notamment de *La Pêche miraculeuse* (1937), voit également dans *Adolphe* à la fois une œuvre atemporelle, « un livre de tous les temps, un livre sans date [2] », et en résonance profonde avec les années qui ont suivi la Première Guerre mondiale :

> Si je l'aborde à mon tour c'est par une sorte d'attirance du sujet, et avec le sentiment troublant qu'il y a entre nous, de l'an 1920, et ces vies bouleversées du Directoire et de l'Empire, une parenté très proche, des mains très subitement tendues [3].

Ainsi, en ce début du XXe siècle, marqué par le crépuscule de l'aristocratie dépeint par Proust, par Lampedusa

1. *Ibid.*, p. 27. 2. « Remarques sur Benjamin Constant », dans *De Hamlet à Swann*, *op. cit.*, p. 177. 3. *Ibid.*, p. 135.

dans *Le Guépard* ou par Guy de Pourtalès lui-même dans *La Pêche miraculeuse*, on a pu voir dans *Adolphe*, à travers le prisme des bouleversements de l'Histoire, les symptômes de la fin d'une époque. Par-delà cette parenté historique, il caractérise ce qui fait pour lui la force de ce roman :

> Dans ce petit livre de cent pages, palpite l'une des pires souffrances humaines, l'impuissance d'aimer. Les mots n'y sont rien ; leur arrangement indiffère ; l'artifice littéraire est nul. Et les phrases, cependant, ont la peau si fine, qu'on y voit courir le sang et tressaillir les nerfs [1].

Le paradoxe de la communication (Maurice Blanchot, 1949)

Dans *La Part du feu*, Maurice Blanchot a consacré au récit de Constant un chapitre intitulé « Adolphe ou le malheur des sentiments vrais ». « Drame de la folie en cercles des relations humaines », lorsqu'elles sont vécues dans la vérité, *Adolphe* est mû par « le principe d'une extraordinaire marche à la catastrophe [2] ». Relisant ce roman à la lumière d'*À la recherche du temps perdu*, il y perçoit un motif commun profond, touchant la représentation de la relation amoureuse et du langage :

> Proust, comme Adolphe, fait l'expérience du paradoxe de toute communication (paradoxe qui est aussi celui du langage), selon lequel ce qui fonde les rapports c'est leur impossibilité, ce qui unit les êtres c'est ce qui les sépare et ce qui les rend étrangers c'est ce qui les rapproche. Tous deux se lassent de la présence, parce qu'elle n'est qu'un contact et non pas une relation authentique.

Ce point commun met également en relief les différences, car, au contraire de Proust,

1. *Ibid.*, p. 178. 2. *La Part du feu*, Gallimard, 1949, p. 235-236.

Constant est peu jaloux. Adolphe est assez satisfait de voir les amis dont s'entoure Ellénore et qui risquent de la détacher de lui. S'il souffre, c'est pour ce qu'il a plutôt que pour ce qu'on lui prend ; et s'il souffre, c'est de faire renaître, au moment de rompre, par la souffrance qu'il cause, les raisons de ne pas rompre [1].

« L'EFFROYABLE SÉPARATION DES SEXES » (CAMILLE LAURENS, 2006)

Plus récemment, Camille Laurens a convoqué *Adolphe*, ainsi que d'autres écrits intimes de Constant (*Journaux*, *Correspondance*) dans *Ni toi ni moi*, où la narratrice se donne pour projet d'« enquêter sur la disparition de l'amour ». Définissant le genre de son roman, elle revient à l'idée suggérée par Stendhal :

> Après tout, c'est juste l'histoire d'une illusion ! Un homme qui ne m'a pas aimée – la belle affaire ! Nouveau genre littéraire : le roman de haine [2] !

Adolphe devient un livre de chevet, relu et interprété. La narratrice souligne en particulier le caractère synthétique d'Ellénore :

> Or, Ellénore n'est pas une femme précise de la vie de Benjamin, elle est toutes ses femmes, et même, elle est toutes les femmes. Quand Ellénore meurt à la fin d'*Adolphe*, délaissée par un homme qui ne l'aime pas, ce sont toutes les femmes qui meurent, dans tous les temps. Et lorsqu'il écrit : « Je suis si fatigué d'être toujours nécessaire et jamais suffisant », n'est-il pas tous les hommes [3] ?

Ces deux personnages prennent ainsi une dimension universelle, illustrant notamment l'étanchéité des êtres et la barrière entre les sexes :

---

1. *Ibid.*, p. 231. 2. Camille Laurens, *Ni toi ni moi*, P.O.L., 2006, p. 33. 3. *Ibid.*, p. 42.

> Vous verrez, quand vous lirez *Adolphe*, que tout est raconté à la première personne, de son point de vue à Lui, masculin singulier [1].

Point de vue qui l'empêche de percevoir véritablement Ellénore :

> Certes il note les expressions de douleur qu'il provoque en elle, qu'il voit sur son visage et entend dans ses paroles, mais il n'entre jamais, sinon par éclairs déchirés, dans sa réalité propre, dans son âme si ce mot a encore un sens [...], il n'épouse pas son mouvement, il ne l'épouse pas, il ne la pénètre pas, voilà : elle lui demeure impénétrable. Et pour cause : tout leur drame est là, c'est comme un décor de théâtre : de hauts murs avec de toutes petites fenêtres, et pas de portes. Il ne peut sortir de lui-même pour aller vers elle, et il ne veut pas la laisser entrer. Les sexes sont effroyablement séparés [2].

---

1. *Ibid.*, p. 45. **2.** *Ibid.*, p. 46.

4 — *Lecture d'images : aimer, souffrir et rompre au temps d'*Adolphe

LA FIGURE DE PSYCHÉ : DE LA NAISSANCE DE L'AMOUR À LA FEMME SACRIFIÉE

Dans la période de rédaction d'*Adolphe*, le mythe d'Éros et Psyché suscite un grand intérêt chez les artistes. Ce mythe offre une fable donnant une vision platonisante de l'amour, dans laquelle Psyché figure l'âme. C'est pour cette raison que, dans un retour à une spiritualisation de l'amour, il devient, autour de 1800, un sujet privilégié par des peintres néoclassiques comme Angelika Kauffmann (1741-1807) ou François Édouard Picot (1786-1868), et par des sculpteurs, parmi lesquels Antonio Canova (1757-1822), dont le groupe *Psyché ranimée par le baiser de l'Amour* (musée du Louvre) est un des chefs-d'œuvre [1]. Dans cette intrigue complexe, conduite par le désir d'Aphrodite de se venger de Psyché, on retiendra deux moments qui permettent d'éclairer *Adolphe.* La naissance de l'amour, au moment où Éros, dieu de l'amour et fils d'Aphrodite, tombe amoureux de Psyché, et l'épisode où Éros quitte Psyché, qui devient une femme sacrifiée, jouet du caprice des dieux, même si elle ne l'est que momentanément dans ce mythe.

Au Salon de 1798, le peintre François Pascal Simon Gérard (1770-1837) présente *Psyché et l'Amour*, souvent appelé *Psyché recevant le premier baiser de l'Amour.* Ce tableau peut être lu dans une perspective néoplatonicienne, célébrant l'union de l'âme humaine, représentée

1. Sur cet engouement, voir le catalogue de l'exposition dirigé par Paul Lang, *Regards sur Amour et Psyché à l'âge néoclassique*, musée de Carouge et Institut suisse pour l'histoire de l'art, 1994.

Psyché et l'Amour
par François Pascal Simon Gérard
(Paris, musée du Louvre)

par le papillon au-dessus de la tête de Psyché, et de l'amour divin. Dans une esthétique qui manifeste comment l'amour transfigure le réel, il illustre la vision de l'amour qui est donnée au début du chapitre IV d'*Adolphe*. Or, le papillon est aussi une figure de l'éphémère, faisant peser sur les amants la menace de la disparition de ce sentiment, comme Adolphe le pressent.

Dans *Adolphe*, le désamour succède très vite à la passion. D'amante heureuse, Ellénore se mue rapidement en femme délaissée, et finalement sacrifiée au nom des valeurs que prône le baron de T***. Comme Didon quittée par Énée appelé à un héroïque destin, celui de fonder Rome, ou Ariane oubliée à Naxos par Thésée, Psyché est l'une des nombreuses femmes abandonnées de la mythologie, même si elle a fini par retrouver Éros et l'épouser. Ainsi, dans un tableau de 1787, Jacques Louis David (1748-1825) peint une *Psyché abandonnée* dont le regard exprime la souffrance tout autant que l'interrogation sur sa destinée et les raisons qui l'ont conduite au malheur, à l'image d'Ellénore telle qu'elle se révèle au fil du récit.

RUPTURE ET SOCIÉTÉ : LE DIVORCE

La rupture relève aussi de la sphère publique, du droit ; dans *Adolphe*, la question du statut marital des personnages, en particulier des femmes, est un élément capital dans les relations sociales. Or, l'un des sujets de société qui a agité le Consulat et l'Empire a été celui du divorce, comme en témoigne *Delphine*, roman de Germaine de Staël où il en est largement question. Institué par la loi du 20 septembre 1792, il a été vivement contesté, notamment par Mme Necker, mère de Germaine de Staël, dans ses *Réflexions sur le divorce* (1795), ou par le penseur contre-révolutionnaire Louis de Bonald dans un essai de 1801 (*Le Divorce considéré au XIXe siècle relativement à l'état domestique et à l'état public de la société*). Le Code civil de Napoléon a restreint les motifs de divorce à la condamnation en justice, aux sévices et à l'adultère, et maintenu le divorce par consentement mutuel ; ce droit fut supprimé à la Restauration, le 8 mai 1816 (loi Bonald).

C'est en invoquant cette dernière clause que, désireux d'un héritier que Joséphine ne pouvait lui donner, Napoléon décida de se séparer d'elle. Le 30 novembre 1809, il lui annonça sa décision au terme d'un dîner en tête à tête. L'impératrice se mit à pleurer et murmura : « Non, non, je n'y survivrai pas », avant de s'évanouir, ou de feindre un évanouissement. Cette scène de rupture a été rendue célèbre par la gravure, notamment celle que Charles Abraham Chasselat (1782-1843) a réalisée à partir d'une estampe de Bosselman. Cet évanouissement fait écho bien sûr à l'égarement et au « profond assoupissement » d'Ellénore dans *Adolphe* ; il est un

Annonce du divorce de Napoléon à Joséphine
Estampe de Bosselman gravée par Chasselat

exemple de l'extrême sensibilité de la femme, dans les codes qui sont ceux du roman sentimental de l'époque.

L'« ÉTRANGER »

Contrairement à Napoléon qui a engagé en 1810 des noces triomphales et fécondes avec Marie-Louise d'Autriche, Adolphe est réduit à errer par le monde après la perte d'Ellénore. De personnage ne réussissant pas à s'engager dans le monde, il devient un véritable « étranger », errant et mélancolique, frère de René et d'Oberman. Ce sentiment d'étrangeté au monde et cet isolement ont été illustrés à l'époque notamment par Caspar David Friedrich (1774-1840), auteur d'un tableau célèbre : *Le Voyageur au-dessus de la mer de nuages* (1818). Dans un dessin daté du 3 février 1802, il représente un voyageur auprès d'une borne (*Wanderer am Meilenstein*). Le personnage, arrivé à un point capital de son voyage figuré par la borne qui le domine, est assis, solitaire, négligeant son chapeau tombé et son bagage. Étranger, désocialisé, il est dépeint hors de la ville dont on entrevoit au loin le clocher. La tête posée sur sa main, il a l'attitude traditionnelle du mélancolique.

Ce voyageur offre une allégorie de l'individu errant qui s'est mis hors de la société. Tel est Adolphe, après la mort d'Ellénore, libre, seul, et « étranger pour tout le monde[1] », et tel que l'éditeur le rencontre pour la première fois dans une auberge de Calabre[2].

1. Chapitre X, p. 139. **2.** « Avis de l'éditeur », p. 54.

Voyageur auprès d'une borne
par Caspar David Friedrich

CHRONOLOGIE

	VIE DE CONSTANT	CONTEXTE LITTÉRAIRE ET HISTORIQUE
1766		Naissance de Germaine de Staël.
1767	25 octobre : naissance de Benjamin Constant à Lausanne, d'Henriette-Pauline de Chandieu et de Juste Constant de Rebecque, officier au service de la Hollande. 10 novembre : la mère meurt des suites de ses couches. L'éducation de l'enfant est d'abord confiée à sa grand-mère maternelle, Françoise de Chandieu, dans un climat tendu entre les familles paternelle et maternelle. 11 novembre : Benjamin est baptisé à l'église calviniste Saint-François.	Voltaire, *L'Ingénu*.
1769		Naissance de Napoléon Bonaparte
1772	Juste de Constant remet l'éducation de son fils à sa maîtresse, Marianne Magnin, avec laquelle il a signé une promesse de mariage, qui sera contracté clandestinement à une date incertaine. Avec son premier instituteur, Stroelin, Benjamin apprend le grec.	Cazotte, *Le Diable amoureux*. Helvétius, *De l'Homme*.
1774		Mort de Louis XV ; avènement de Louis XVI. Goethe, *Werther*. Bürger, *Leonore*.

1774-1778	Séjours à Bruxelles, en Suisse et en Hollande avec son père. Il est confié à divers précepteurs, mais se forme surtout par des lectures en autodidacte.	
1775		Beaumarchais, *Le Barbier de Séville.*
1776		Jacques Necker nommé directeur général des finances. Gibbon, *Histoire de la décadence et de la chute de l'Empire romain.*
1778		Mort de Rousseau et de Voltaire.
1779	Après quelques premiers essais, il compose *Les Chevaliers*, roman héroïque en vers, dédié à son père.	
1780	Juste de Constant emmène son fils en Angleterre, à Londres, puis à Oxford. Nouveau précepteur anglais, Nathaniel May.	
1781	Séjour en Hollande.	Démission de Necker. Kant, *Critique de la raison pure.*
1782	À Erlangen, inscrit à l'université et introduit à la cour du margrave d'Anspach. Joue et s'endette.	Laclos, *Les Liaisons dangereuses.* Premiers livres des *Confessions* et les *Rêveries du promeneur solitaire* de Jean-Jacques Rousseau.
1783		Isabelle de Charrière, *Lettres neuchâteloises.*
1783-1785	Séjour à Édimbourg : étudie à l'université et prend part aux travaux de la *Speculative Society.*	

	VIE DE CONSTANT	CONTEXTE LITTÉRAIRE ET HISTORIQUE
1784		Mort de Diderot. Necker, *De l'administration et des finances de la France*. Beaumarchais, *Le Mariage de Figaro*.
1785	Premier séjour à Paris chez Jean-Baptiste Suard. Jeu et dettes. Août-novembre : à Bruxelles, connaît son premier amour, Mme Johannot.	Isabelle de Charrière, *Lettres écrites de Lausanne*. Restif de La Bretonne, *La Paysanne pervertie*.
1786	À Lausanne, s'éprend de Mme Trevor, femme de l'ambassadeur anglais à Turin (*Ma vie*). À la fin de l'année, retour à Paris chez Suard. Amour pour Jenny Pourrat.	
1787	À Paris, fait la connaissance d'Isabelle de Charrière, femme de lettres, qui l'impressionne fortement. Publie anonymement sa traduction de l'*Essai sur les mœurs des temps héroïques de la Grèce* de Gillies. Mai-juin : amour pour Jenny Pourrat. 26 juin-1er octobre : escapade en Angleterre et en Écosse. De retour, s'installe près de Lausanne, voit régulièrement Mme de Charrière qui est à Colombier, près de Neuchâtel.	Isabelle de Charrière, *Caliste* (*Lettres écrites de Lausanne*, 2e partie). Marmontel, *Éléments de littérature*. Parny, *Chansons madécasses*.

1788	Duel avec le capitaine Duplessis d'Épendes. Départ pour Brunswick, où il est nommé « chambellan de la cour ». Il se remet aux études et commence à travailler à une histoire du polythéisme grec. Un procès militaire est intenté à son père.	Convocation des états généraux. Rappel de Necker. Germaine de Staël, *Lettres sur les ouvrages et le caractère de J.-J. Rousseau*. Bernardin de Saint-Pierre, *Paul et Virginie*. Necker, *De l'importance des idées religieuses*.
1789	Épouse Wilhelmine (Minna) von Cramm. Séjours à Lausanne et à La Haye pour le procès de son père. Suit avec intérêt les événements en France.	Réunion des états généraux. Assemblée constituante. Renvoi de Necker. Prise de la Bastille (14 juillet). Rappel de Necker. Abolition des privilèges. Déclaration des droits de l'homme (26 août). *Charles IX*, tragédie de Marie-Joseph Chénier. Rousseau, *Confessions* (livres VII à XII).
1790	Songe à une réfutation de l'ouvrage de Burke sur la Révolution française, qu'il n'achèvera pas.	Constitution civile du clergé. Burke, *Réflexions sur la révolution de France*.
1791	Son père perd son procès et s'installe à Brévans, près de Dole. Benjamin séjourne à Lausanne pour régler la liquidation des biens de son père.	Organisation de l'armée des princes. Fuite du roi à Varennes et arrestation. Assemblée législative. Décret contre les émigrés et les prêtres réfractaires, veto royal. Volney, *Les Ruines*. Sade, *Justine*.
1792	Mésentente avec sa femme ; il apprend qu'elle a un amant, le prince Galitzine. S'intéresse de plus en plus à la politique, comme en témoignent ses lettres à Isabelle de Charrière.	Prise des Tuileries, chute de la royauté (10 août). Ire République. Massacres de septembre. Bataille de Valmy (20 septembre). Proclamation de la Convention.

	VIE DE CONSTANT	CONTEXTE LITTÉRAIRE ET HISTORIQUE
1793	11 janvier : rencontre Charlotte de Hardenberg (1769-1845), alors Mme von Marenholtz. Ils projettent de divorcer et de se marier, mais le projet n'aboutit pas. Se sépare de sa femme et rédige un plaidoyer, le « Narré ». Passe la fin de l'année à Lausanne, puis à Colombier chez Mme de Charrière.	Exécution de Louis XVI (21 janvier). Soulèvement en Vendée. Instauration de la Terreur.
1794	Bref séjour à Brunswick ; retour en Suisse. 18 (ou 19 ?) septembre : rencontre Germaine de Staël, fille de Jacques Necker, richissime banquier et ancien ministre de Louis XVI. Début d'une liaison souvent difficile et d'une extraordinaire et féconde amitié intellectuelle. Refroidissements de ses rapports avec Isabelle de Charrière.	Journée du 9 thermidor an II (27 juillet) : chute de Robespierre, début de la réaction thermidorienne. Germaine de Staël, *Zulma*.
1795	S'installe chez Germaine de Staël. Arrive à Paris avec elle le 15 mai. Fréquente les anciens Girondins, dont Jean-Baptiste Louvet, président de la Convention. Entame une carrière politique : rédige des articles pour les journaux et des discours pour Louvet. 18 novembre : son divorce avec Minna von Cramm est prononcé. 10 décembre : repart pour la Suisse, acquis à la République.	26 octobre (1er prairial an III) : insurrection ; le Directoire remplace la Convention. Germaine de Staël, *Essai sur les fictions.* Elle rouvre son salon. Sade, *Aline et Valcour* ; *La Philosophie dans le boudoir*.

1796	Se partage entre Coppet, Lausanne et Paris. Publie *De la force du gouvernement actuel et de la nécessité de s'y rallier.* Premières démarches pour devenir citoyen français, sans succès. Achète le domaine d'Hérivaux, près de Luzarches.	Germaine de Staël, *De l'influence des passions.* Diderot, *Jacques le Fataliste* et *La Religieuse* (posthumes).
1797	*Des réactions politiques* ; *Des effets de la Terreur.* Élu agent municipal à Hérivaux, élection contestée par le Directoire, mais qui lui vaut la citoyenneté française. Juin : naissance d'Albertine, fille de Germaine de Staël, dont le père est peut-être Constant. À la fin de l'année, est nommé président de la commune de Luzarches.	Coup d'État du 18 fructidor an V (4 septembre). Sénac de Meilhan, *L'Émigré*. Chateaubriand, *Essai sur les révolutions.*
1798	*De la suite de la contre-révolution de 1660 en Angleterre.* Se lie avec Julie Talma.	Germaine de Staël rédige *Des circonstances actuelles pour terminer la Révolution.* Début de la parution de l'*Athenäum* (premier organe du romantisme allemand) à Berlin.
1799	24 décembre (4 nivôse) : nommé au Tribunat.	Coup d'État du 18 brumaire (9 novembre). Consulat. Sophie Cottin, *Claire d'Albe.* Schiller, *Wallenstein.* Hölderlin, *Hyperion.*

	VIE DE CONSTANT	CONTEXTE LITTÉRAIRE ET HISTORIQUE
1800	5 janvier (15 nivôse) : son premier discours au Tribunat, « Sur le projet concernant la formation de la loi », provoque la colère du Premier consul. Constant est dès lors rangé dans l'opposition. Novembre : début de sa liaison avec Anna Lindsay.	1er janvier : institution du Tribunat et du Corps législatif. Germaine de Staël, *De la littérature considérée dans ses rapports avec les institutions sociales.* Novalis, *Hymnes à la nuit*.
1801	Nombreux discours au Tribunat. Juillet : fin de sa liaison avec Anna Lindsay. Fréquente des membres du groupe des « Idéologues ».	Chateaubriand, *Atala*. S. Cottin, *Malvina*.
1802	17 janvier (27 pluviôse an X) : Constant est éliminé du Tribunat avec d'autres opposants. Vend le domaine d'Hérivaux et achète celui des Herbages.	Promulgation du Concordat. Épuration du Corps législatif et du Tribunat. Napoléon Bonaparte, consul à vie. Germaine de Staël, *Delphine.* Chateaubriand, *Génie du christianisme* (incluant *Atala* et *René*). Foscolo, *Dernières Lettres de Jacopo Ortis.*
1803	Constant songe à épouser Amélie Fabri. Début de son premier « Journal », *Amélie et Germaine* (6 janvier-10 avril). Octobre : il part en Allemagne avec Germaine de Staël et y fait la connaissance de Goethe, de Schiller, des frères Schlegel, de Schelling et de Wieland.	Germaine de Staël interdite de séjour à Paris, exil qui marque le moment où le groupe de Coppet se constitue véritablement.

1804	Reprend son « Journal » (22 janvier 1804-8 mai 1805) et son « Journal abrégé » (22 janvier 1804-27 décembre 1807). 7 avril : de retour à Lausanne. Se partage entre Lausanne, Genève, Paris et Coppet.	Mort de Necker. Exécution du duc d'Enghien. Instauration de l'Empire ; sacre de Napoléon. Julie Krüdener, *Valérie*. Schelling, *Philosophie et religion*. Senancour, *Oberman*.
1805	En mars, renoue avec Anna Lindsay et voit fréquemment Charlotte de Hardenberg.	5 mai : mort de Julie Talma. Bonstetten, *Voyage sur la scène des six premiers livres de l'Énéide.* Bataille de Trafalgar et d'Austerlitz (2 décembre). 27 décembre : mort d'Isabelle de Charrière.
1806	Février-août : rédige, sans les publier, les *Principes de politique*, son grand traité de philosophie politique. 18 septembre : rejoint Germaine à Rouen ; exilée de Paris, elle a été autorisée à résider dans cette ville. Fin octobre-fin décembre : au milieu de retrouvailles passionnées avec Charlotte qui se donne à lui, et de scènes de la part de Germaine, Benjamin commence un « roman », dont se dégage un « épisode d'Ellénore ».	
1807	Janvier-avril : entre Paris et le château d'Acosta, près de Meulan, où s'est installée Germaine. Après que M. Dutertre a consenti au divorce (mai), Constant et Charlotte se retrouvent en juin. Mais Germaine le rappelle auprès d'elle à Coppet où elle est retirée depuis la fin avril.	Germaine de Staël, *Corinne, ou l'Italie.* August Wilhelm von Schlegel, *Parallèle entre la Phèdre d'Euripide et celle de Racine.* Sismondi, *Histoire des républiques italiennes* (4 premiers vol.).

	VIE DE CONSTANT	CONTEXTE LITTÉRAIRE ET HISTORIQUE
	Septembre : commence à travailler à une tragédie, *Wallstein*, adaptation du *Wallenstein* de Schiller. Septembre-octobre : il fréquente une secte de piétistes, professant une doctrine quiétiste. 6 décembre : il rejoint Charlotte à Besançon ; elle tombe malade.	
1808	Début d'année à Paris avec Charlotte ; suit les cours du phrénologue François Gall. 5 juin : mariage religieux et secret avec Charlotte à Besançon.	Goethe, *Faust*.
1809	À Paris. 26 janvier : publication de *Wallstein*, qui est un succès. 9 mai : Charlotte annonce à Germaine son mariage secret avec Benjamin. Drame. 9 juin : Charlotte tente de s'empoisonner. Constant la ramène à Paris, puis rejoint Germaine. Se partage entre les deux femmes. Mi-décembre : mariage civil avec Charlotte à Paris. Fait copier ses *Œuvres manuscrites.* Travaille au *Polythéisme.*	Chateaubriand, *Les Martyrs, ou le Triomphe de la religion chrétienne.*
1810	Entre Paris, Coppet, Genève et Lausanne. Pertes de jeu, suivies de la vente des Herbages. Date probable du début de la rédaction de *Cécile.*	

1811	À Lausanne avec Charlotte. 9 mai : séparation définitive avec Germaine. Reprend son « Journal intime » (15 mai 1811-26 septembre 1816). Départ avec Charlotte pour l'Allemagne ; ils s'installent en novembre à Gottingue. Rédaction probable de *Ma vie*.	Chateaubriand, *Itinéraire de Paris à Jérusalem*. Goethe, *Poésie et vérité*.
1812	2 février : mort de Juste de Constant, avec qui les relations, affectives et financières, ont été difficiles. Constant toujours en Allemagne : Brunswick, Cassel et Gottingue.	Campagne de Russie. Byron, *Childe Harold* (2 premiers chants).
1813	Commence son poème épique, *Florestan ou le Siège de Soissons*, qui restera inédit de son vivant. Novembre : rencontre Bernadotte dont il espère qu'il succédera à Napoléon.	Germaine de Staël, *De l'Allemagne*. Sismondi, *De la littérature du Midi de l'Europe*. Traduction du *Cours de littérature dramatique* d'August Wilhelm von Schlegel par Mme Necker de Saussure. Byron, *The Giaour*. Défaite de Napoléon à Leipzig.
1814	Avril : publication de *De l'esprit de conquête et de l'usurpation*, pamphlet antinapoléonien, notamment composé de traités déjà rédigés. Retour à Paris. En mai, revoit Germaine. Fin août, se prend de passion pour Juliette Récamier, passion malheureuse qui l'obsédera jusqu'à la fin de 1815.	Abdication de Napoléon. Première Restauration. « Charte constitutionnelle » octroyée par Louis XVIII.

	VIE DE CONSTANT	CONTEXTE LITTÉRAIRE ET HISTORIQUE
1815	*De la responsabilité des ministres.* Rédige les *Mémoires de Juliette.* Avril : rencontre Napoléon et accepte de collaborer à l'*Acte additionnel aux Constitutions de l'Empire.* Mai : publication d'une nouvelle version des *Principes de politique* de 1806, restés inédits. Juillet : rédige une *Apologie*, présentée à Louis XVIII revenu en France. Novembre : part pour Bruxelles, retrouve Charlotte.	M.-J. Chénier, *Tableau de la littérature française depuis 1789.* Les Cent-Jours. Waterloo (18 juin). Seconde Restauration. Élection de la Chambre introuvable. Ministère Richelieu. Terreur blanche (répression monarchiste).
1816	À Londres. Juin : *Adolphe*, à Londres et Paris. Septembre : retour du couple à Paris. Fin du journal intime.	Byron, fin de *Childe Harold.*
1817	Contribue par des articles au *Mercure de France*, qui est supprimé à la fin de l'année. Août : échoue par deux fois à l'Académie française.	Mort de Germaine de Staël ; fin du Groupe de Coppet. Stendhal, *Histoire de la peinture en Italie.* Byron, *Manfred.*
1818	*La Minerve française* prend le relais du *Mercure.* Juin : se casse la jambe ; il ne marchera plus qu'avec des béquilles. Réunit ses publications politiques : *Cours de politique constitutionnelle* (4 vol.).	Germaine de Staël, *Considérations sur les principaux événements de la Révolution française* (posthume). Ministère Decazes.

1819	Février : conférence « De la liberté des Anciens et des Modernes ». Mars : élu député de la Sarthe. Nombreux discours à la Chambre où il s'engage, entre autres, contre la traite des Noirs, qu'avait rétablie Napoléon, et en faveur de la liberté de la presse et de la liberté individuelle.	André Chénier, *Poésies* (publiées par Henri de Latouche). Hugo, *Bug-Jargal*.
1820	Début de la publication des *Mémoires sur les Cent-Jours* (1820-1822).	Germaine de Staël, *Œuvres complètes*. Lamartine, *Méditations poétiques*. Assassinat du duc de Berry et naissance « posthume » de son fils. Second ministère Richelieu.
1821		Walter Scott, *Ivanhoé ou le Retour du croisé* (éd. angl. 1819), trad. Defauconpret. Traduction par François Guizot des œuvres de Shakespeare. Mort de Napoléon à Sainte-Hélène. Soulèvement des Grecs contre les Turcs.
1822	Lors du renouvellement partiel de la chambre des députés, Constant est battu par le candidat royaliste. Impliqué dans l'« affaire Berton » : démêlés avec la justice ; condamné à une amende. *Commentaire sur l'ouvrage de Filangieri*.	Stendhal, *De l'amour*. Ministère Villèle.
1823	Il se remet à son ouvrage sur la religion.	Stendhal, *Racine et Shakespeare* (I). Las Cases, *Mémorial de Sainte-Hélène*.

	VIE DE CONSTANT	CONTEXTE LITTÉRAIRE ET HISTORIQUE
1824	Mars : réélu député de Paris, malgré des contestations sur sa nationalité française. Nombreux discours à la Chambre. Juillet : parution du premier tome de *De la religion considérée dans sa source, sa forme et ses développements* (1824-1831). 3e édition d'*Adolphe*.	Claire de Duras, *Ourika*. Barante, *Histoire des ducs de Bourgogne* (1824-1826). Début du « Cénacle de l'Arsenal » autour de Nodier (jusqu'en 1827). Mort de Byron. Mort de Louis XVIII. Avènement de Charles X.
1825		Stendhal, *Racine et Shakespeare* (II). Claire de Duras, *Édouard*. Loi dite du « Milliard des émigrés », indemnisant les émigrés dont les biens avaient été vendus pendant la Révolution.
1826		Vigny, *Cinq-Mars* et *Poèmes antiques et modernes*. Hugo, *Odes et Ballades*. Début de la publication des *Œuvres complètes* de Chateaubriand (jusqu'en 1831).
1827	Élu député du Bas-Rhin (Strasbourg).	Hugo, *Cromwell*. Stendhal, *Armance*. Nerval traduit *Faust* de Goethe.
1828		Walter Scott, *Waverley, ou Il y a soixante ans* (éd. angl. 1814), trad. Defauconpret. Ministère Martignac.
1829	*Mélanges de littérature et de politique* et *Réflexions sur la tragédie*.	Custine, *Aloys*. Mérimée, *Chronique du règne de Charles IX*. Alfred de Vigny, *Le More de Venise*, tragédie en 5 actes d'après William Shakespeare. Ministère Polignac.

1830	Juin : réélu député du Bâs-Rhin. Participe aux journées de Juillet (porté en litière) et soutient Louis-Philippe. Nommé président du Conseil d'État. Louis-Philippe lui octroie 200 000 francs pour payer ses dettes. 8 décembre : mort de Constant. 12 décembre : funérailles nationales, cérémonies au temple protestant de la rue Saint-Antoine et inhumation au Père-Lachaise.	Hugo, *Hernani.* Stendhal, *Le Rouge et le Noir.* Balzac, *Sarrasine*, *Une passion dans le désert*. Révolution de 1830 (les « Trois Glorieuses » : 27, 28, 29 juillet). Fuite de Charles X et avènement de Louis-Philippe.
1831	Parution des deux derniers tomes (IV et V) du *De la religion*.	
1832	Publication posthume de deux volumes sur le *Polythéisme romain*.	
1907	*Le Cahier rouge* (*Ma vie*), publié par Lola Constant de Rebecque.	
1951	*Cécile*, publié par Alfred Roulin.	
1952	*Amélie et Germaine*, dans les *Journaux intimes* (éd. Alfred Roulin et Charles Roth).	
1980	*Principes de politique applicables à tous les gouvernements* (version de 1806-1810), édités par Étienne Hofmann, Genève, Droz.	
1993	Début de la parution des *Œuvres complètes*, Tübingen, Niemeyer, avec des textes inédits (en cours).	

BIBLIOGRAPHIE

ÉDITIONS D'*ADOLPHE*

Par Gustave Rudler, Manchester University Press, 1919.
Par Alfred Roulin, dans *Œuvres*, Gallimard, « Bibliothèque de la Pléiade », 1957.
Par Jacques-Henry Bornecque, Garnier, 1968.
Par Paul Delbouille, Les Belles Lettres, 1977.
Par Françoise Tilkin, dans *Œuvres complètes*, Tübingen, Niemeyer, 1995, t. III, 1.
Par Lucia Omacini, Milan, Biblioteca Universale Rizzoli, 2005.

AUTRES ŒUVRES DE CONSTANT

Œuvres, texte présenté et annoté par Alfred Roulin, Gallimard, « Bibliothèque de la Pléiade », 1957. [Contient un choix des textes essentiels, dans une édition commode et aisément accessible. Depuis 1957, la connaissance des œuvres de Constant a beaucoup progressé ; le lecteur désireux d'un texte intégral et parfaitement sûr pourra se référer à celui des *Œuvres complètes* en cours de publication.]
Œuvres complètes, Tübingen, Niemeyer, 1993- (en cours de publication).
Principes de politique applicables à tous les gouvernements (version de 1806-1810), éd. É. Hofmann, Hachette Littératures, « Pluriel », 1997.
De la religion considérée dans sa source, ses formes et ses développements, éd. É. Hofmann et T. Todorov, Actes Sud, 1999.

OUVRAGES CRITIQUES

Annales Benjamin Constant, 1980-, t. I-.

Benjamin Constant, Actes du congrès de Lausanne, 1967, éd. Pierre Cordey et Jean-Luc Seylaz, Genève, Droz, 1968.

BOUTIN (Anne), *Parole, personnage et sujet dans les récits littéraires de Benjamin Constant*, Champion, 2008.

DELBOUILLE (Paul), *Genèse, structure et destin d'Adolphe*, Les Belles-Lettres, 1971.

Europe, 467, mars 1968.

FAIRLIE (Alison), *Imagination and Language. Collected Essays on Constant, Baudelaire, Nerval and Flaubert*, éd. M. Bowie, Cambridge University Press, 1981 (sur Constant, p. 1-125).

Historical Reflections/ Réflexions historiques, XXVIII, 3, automne 2002 : « Benjamin Constant on the self, religion and politics », éd. John C. Laursen et Anne Hofmann.

HOFMANN (Étienne) et ROSSET (François), *Le Groupe de Coppet. Une constellation d'intellectuels européens*, Lausanne, Presses polytechniques et universitaires romandes, 2005.

KLOOCKE (Kurt), *Benjamin Constant : une biographie intellectuelle*, Genève, Droz, 1984.

KOCAY (Victor), *L'Expression du sentiment dans l'œuvre de Benjamin Constant*, Lewiston, The Edwin Mellen Press, 2001.

OLIVER (Andrew), *Benjamin Constant : écriture et conquête du moi*, Minard, 1970.

POULET (Georges), *Benjamin Constant par lui-même*, Seuil, 1968.

ROSSET (François), *Écrire à Coppet : nous, moi et le monde*, Genève, Slatkine, 2002.

The Cambridge Companion to Constant, Helen Rosenblatt (éd.), Cambridge University Press, 2009.

TODOROV (Tzvetan), *Benjamin Constant. La passion démocratique*, Hachette, 1997 (rééd. Le Livre de Poche, 2004).

VERHOEFF (Han), *Adolphe et Constant, une étude psychocritique*, Klincksieck, 1976.

VITALE (Filomena), *Benjamin Constant. Écriture et culpabilité*, Genève, Droz, 2000.

WOOD (Dennis), *Benjamin Constant. A Biography*, Londres/ New York, Routledge, 1993.

ARTICLES

AMPRIMOZ (Alexandre), « Le mot selon Constant et la parole selon Todorov », *Annales Benjamin Constant*, 28, 2004, p. 109-132.

BAGULEY (David), « The role of letters in Constant's *Adolphe* », *Forum for Modern Language Studies*, 1, 1975, p. 29-35.

BLANCHOT (Maurice), « Adolphe, ou le malheur des sentiments vrais », dans *La Part du feu*, Gallimard, 1949, p. 226-237.

BOWMAN (Frank P.), « Benjamin Constant : humor and self-awareness », *Yale French Studies*, 23, 1959, p. 100-104.

BOWMAN (Frank P.), « Nouvelles lectures d'*Adolphe* », *Annales Benjamin Constant*, 1, 1980, p. 27-42.

CHARLES (Michel), « Adolphe ou l'inconstance », dans *Rhétorique de la lecture*, Seuil, 1977, p. 215-246.

COLEMAN (Patrick), « The authority of pain in *Adolphe* », dans *Reparative Realism. Mourning and Modernity in the French Novel. 1730-1830*, Genève, Droz, 1998, p. 79-101.

DELBOUILLE (Paul), « Benjamin Constant romancier », *Annales Benjamin Constant*, 6, 1986, p. 1-10 (repris dans *Le Lire et le délire*, éd. F. Tilkin, Amsterdam, Rodopi, 1998, p. 95-108).

DELBOUILLE (Paul), « *Adolphe* ou le labyrinthe sans issue », dans *Le Topos du manuscrit trouvé*, Actes du colloque de Louvain-Gand, dir. Jan Herman et Fernand Hallyn, Louvain, Peeters, 1999, p. 287-294.

DELBOUILLE (Paul), « Réflexions nouvelles sur la rédaction d'*Adolphe* et de *Cécile* », *Annales Benjamin Constant*, 30, 2006, p. 105-123.

DEL PANTA (Elena), « *Adolphe*, l'ultima traccia », *Rivista di Letterature moderne e comparate*, LIII, 2, 2000, p. 167-175.

DHIFAOUI (Arbi), « L'anecdote trouvée dans les papiers d'un inconnu et son péritexte : frontières spatiales et entité fictionnelle », *Annales Benjamin Constant*, 34, 2009, p. 45-75.

GLAUDES (Pierre), « Les traits d'Ellénore », dans *Lire avec Freud*, dir. Pierre Bayard, PUF, 1998, p. 26-48.

GUERMES (Sophie), « Benjamin Constant : de la passion à l'apathie, itinéraire d'un mélancolique », *Romantisme*, 111, 2001, p. 29-38.

HOBSON (Marian), « Theme and structure in *Adolphe* », *Modern Language Review*, LXVI, 1971, p. 306-314.

KING (Norman), « *Adolphe*, fin de siècle : critique et idéologie », *Studi francesi*, 68, 1979, p. 238-252.

KING (Norman), « Structures et stratégies d'*Adolphe* », dans *Benjamin Constant, Mme de Staël et le Groupe de Coppet*, Actes du 2e congrès, Lausanne, et du 3e colloque de Coppet, 1980, éd. É. Hofmann, Oxford, The Voltaire Foundation/ Lausanne, Institut Benjamin Constant, 1982, p. 267-285.

MORTIER (Roland) « Les niveaux de discours dans *Adolphe* », *Annales Benjamin Constant*, 3, 1983, p. 13-18.

PELLEGRINI (Carlo), « Benjamin Constant narratore », dans *Da Constant a Croce. Saggi su scrittori dell'Ottocento e del Novecento*, Pise, Nistra-Lischi, 1958, p. 9-82.

REICHLER (Claude), « *Adolphe* et le texte enfoui », *Critique*, 357, 1977, p. 131-145.

ROSSET (François), « La Polonaise de Constant », *Annales Benjamin Constant*, 13, 1992, p. 144-152.

ROSSET (François), « L'intime *fictiogène* de Benjamin Constant », dans *La Culture de l'intime*, dir. C. Pouzoulet, Montpellier, Éditions de l'université Paul-Valéry, 2005, p. 159-173 (repris dans *Annales Benjamin Constant*, 28, 2004, p. 39-49).

ROULIN (Jean-Marie), « Temporalité et construction du sujet dans les récits de Constant », dans *Le Groupe de Coppet et le monde moderne*, Actes du 6e colloque de Coppet, 1997, F. Tilkin (dir.), 1998, p. 101-117.

SEYLAZ (Jean-Luc), « Le portrait d'Ellénore et le jeu des pronoms », *Annales Benjamin Constant*, 5, 1985, p. 75-79.

THOMPSON (Patrice), « Pratique de la "double ironie" chez Constant », *Benjamin Constant, Mme de Staël et le Groupe de Coppet*, Actes du 2e congrès, Lausanne, et du 3e colloque de Coppet, 1980, éd. É. Hofmann, Oxford, The Voltaire Foundation/Lausanne, Institut Benjamin Constant, 1982, p. 287-304.

TODOROV (Tzvetan), « La parole selon Constant », dans *Poétique de la prose*, Seuil, 1972, p. 100-117.

VERHOEFF (Han), « Adolphe en parole », *Revue d'histoire littéraire de la France*, LXXV, 1, 1975, p. 48-66.

VIALET (Michèle), « Adolphe : échec en amour ou temporisation politique », *Annales Benjamin Constant*, 5, 1985, p. 53-73.

FILMOGRAPHIE

Adolphe, film de Benoît Jacquot, 2002. Avec Isabelle Adjani (Ellénore), Stanislas Méhar (Adolphe).

TABLE

Mise en page par Meta-systems
59100 Roubaix

N° d'édition : L.01EHPN000248.N001
Dépôt légal : février 2011
Imprimé en Espagne par Novoprint (Barcelone)